普天之下・盡是好書
普天出版家族
Popular Press Family
凌雲
A-Plus Creative Company
文創

多一點心眼，
才會
多一點勝算

看透人性，就是成功的捷徑

Don't let the monkey on your shoulder

英國有句諺語說：

「猴子戴上了人的面具，才更顯示出他是獸類。」

在這個充斥著假面舞台的社會裡，許多偽善的人，喜歡用道貌岸然的外表，來掩飾他們內心的醜陋。想在競爭激烈的現實社會存活，每個人都必須看透人性，無論是面對你的敵人或是友人，都不能傻愣愣地將自己的一切暴露無遺。
社會上的陰謀詭計到處都是，利用人性弱點所設下的陷阱和騙術，更是五花八門，要是純真過頭，只會讓你淪為任人坑殺的豬頭。

公孫龍策 編著

【出版序】

多一點心眼，才會多一點勝算

做人做事多一點心眼，才會多一點勝算。在人性高速公路上，人性擒拿術絕對是讓你避免受重傷的「安全氣囊」。

赫胥黎曾經這麼寫道：「人生最大的悲哀，就是純真的想法，往往被醜陋的事實扼殺。」

確實如此，心思單純的人固然最受人稱讚，但也最容易被有心人坑騙，淪爲任人宰割的豬頭。正因爲醜陋的人性讓人防不勝防，現實的社會中才會充滿各種陷阱與勾鬥，處處可以見到詐欺、坑騙、巧取豪奪、過河拆橋、落井下石……等等讓人瞠目結舌的負面情事。

現實很殘酷，所以你必須多學一點人性擒拿術。在狡詐的人性叢林裡，如果你不想成爲別人欺壓、算計的對象，那麼，就得具備一些做人做事的心計，才不會被坑被騙被賣之後欲哭無淚……

日本松下公司準備從新聘的三名員工中，選出一位來從事市場行銷企劃工作。這人事主管於是計劃讓他們來個職前「魔鬼訓練」，並從中挑選出最適合的人選。這三個人被送到廣島去生活一天，每個人身上只有一天二千日元的生活費用，最後誰剩下來的錢最多，誰就是優勝者。

生活費已經夠少了，還要有錢能剩下，實在是件困難的事。

一罐烏龍茶的價格是三百元，一瓶可樂的價格是二百元，而且最便宜的旅館一夜也要二千元。也就是說，他們手裡的錢剛好能在旅館裡住一夜，但是這麼一來，他們一天的錢也就沒有了。所以，他們要不就別睡覺，要不然就不吃飯，除非他們能在天黑之前，讓這些錢生出更多的錢。但是前提是，他們必須單獨生活，三個人不能相互合作，更不能幫人打工。

於是，三個人便開始各憑本事了。

第一位先生非常聰明，他用五百元買了一副墨鏡，用剩下的錢買了一把二手吉他，來到廣島最繁華的新幹線售票大廳外，扮起「盲人賣藝」來。半天下來，大琴盒裡已經裝了滿滿的鈔票了。

第二位先生也非常聰明，他花五百元做了一個大箱子，也放在繁華的廣場上，箱子上寫著：「將核子武器趕出地球，紀念廣島災難四十周年，為加快廣島建設大募捐」。然後，他用剩下的錢僱了兩個中學生，並在現場宣傳講演，不到中午，箱子也裝滿了一整箱的捐款了。

至於第三位先生，看起來好像是沒什麼頭腦的傢伙，也許他真的累了，所以他做的第一件事，就是找個小餐館，點了一杯清酒、一份生魚、一碗飯，好好地吃了一頓，一下子就花掉了一千五百元。接著，他找了一輛廢棄的汽車，在那裡好好地睡了一覺。

一天下來，第一位和第二位先生都對自己的聰明和不菲的收入暗自竊喜。可是，到了傍晚時，兩個人卻同時面臨了意料之外的厄運。

一名佩戴胸章和袖標、腰間配帶手槍的稽查人員出現在廣場上，他摘掉了「盲人」的眼鏡，摔爛了「盲人」的吉他，也撕破了募捐的箱子，在沒收了他們全部的「財產」後，還沒收了他們的身份證，揚言要以欺詐罪起訴他們。

就這樣，一天結束了，當第一位先生和第二位先生設法借到路費，狼狽不堪地返回松下公司時，已經比規定時間晚了一天了，而且更尷尬的是，那個「稽查人員」已經在公司恭候多時了！

原來，他就是那個在餐館裡吃飯，在汽車裡睡覺的第三個先生。他的投資，是用一百五十元做一個袖標、一枚胸章，花三百五十元，向拾荒老人買了一把舊玩具手槍，和化裝用的絡腮鬍子。

這時，公司的國際市場經銷部課長走了出來，對著站在那裡發呆的「盲人」和「募捐人」說：「企業要生存發展，想獲得豐厚的利潤，不僅要知道如何攻入市場，更重要的是，要懂得如何攻下敵方的整個市場。」

人性作家凱特曾經提醒我們：「做人要聰明到懂得見風轉舵，做事精明到懂得過河拆橋。」

地球已經變平了，競爭者正虎視眈眈想搶走你的機會。想要比別人成功，光是靠認眞和努力是不夠的，有時候在做人方面必須多一點心機，在做事方面必須多一些手腕，才能讓自己在這個充滿變數的社會中出人頭地。

小人爲了陷害別人或是爭奪利益，往往會想盡各種辦法，並且變換各種身分，然後在關鍵時刻，誘使對方墜入他們設好的圈套。現實社會就是這樣，戲法人人會變，巧妙各自不同。在充滿競爭的社會中，除了能力要比別人強，更要比別人懂得智謀的運用和機會的把握。

也許，遭遇到層層阻礙和打擊之時，有人會質疑社會的現實、不公，但是，與其質問別人的投機，不如學習第三位先生的機智。

人的智慧和創意是沒有極限的，當大家都用相同的手段和方法時，只要你能比別人多動腦一分鐘，你就能把別人的機會搶過來，甚至還能爲自己創造另一個獨一無二的機會。

孟德斯鳩曾說：「我一直認為，一個人想要獲得成功，就必須表面上忠厚老實，實際上暗留一點心機。」

社會上的陰謀詭計到處都是，利用人性弱點所設下的陷阱和騙術，更是五花八門，千萬不能忽略人性中的狡猾虛僞、奸詐殘忍、言行不一……等黑暗面。

做人做事多一點心眼，才會多一點勝算。在這個講究策略的年代，心機儼然成了最重要的競爭力。在人性高速公路上，人性擒拿術絕對是讓你避免受重傷的「安全氣囊」，在爲人處世方面，心機則是你的「心靈防彈衣」。

• 本書是《現實很殘酷，你必須學點人性擒拿術》全新增訂版，謹此說明。

01. 面對挑釁，何必太認真？

若是你不希望讓周遭的小人煩擾生活，不希望被無謂的事情擾亂心情，就讓看事情的視野多一些角度吧。

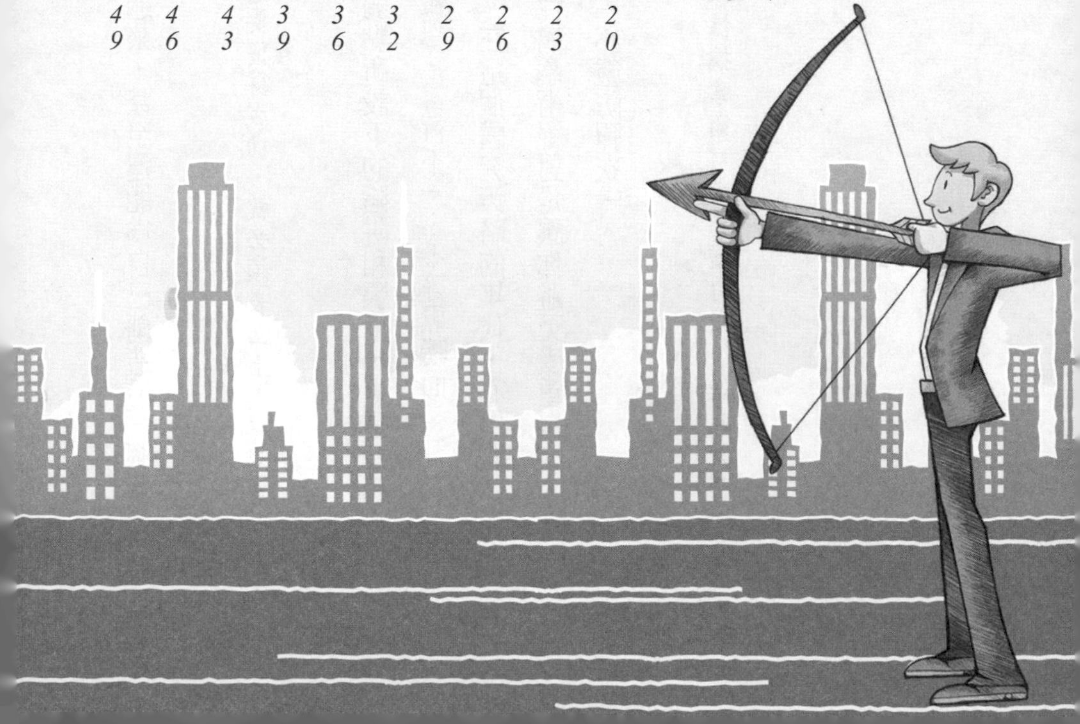

02. 提升應變能力，才能逢凶化吉

現實生活裡，任何事都可能發生，許多人習慣以硬碰硬，或以強制的手法來解決事情，其實，這種方法只會讓事情變得更加棘手而已。

03.

如何擺脫小人的糾纏？

日常生活中，每個人或多或少都有不能避免的人情壓力和煩人瑣事，為了擺脫糾纏，不動動腦袋想計謀是不行的。

04. 用另類的方式改變對方的態度

溝通，並不是一味強迫對方接受自己的想法，也不是一味屈躬卑膝試圖改變對方自以為是的態度，而是以恰當的方式找出彼此的折衷點。

05.

你也可以光明正大說謊話

「弄假成真」的手段並不高明，也不夠高尚，但是，這在爾虞我詐的社會中，在政治的競技場上，能夠正大光明的又有幾個？

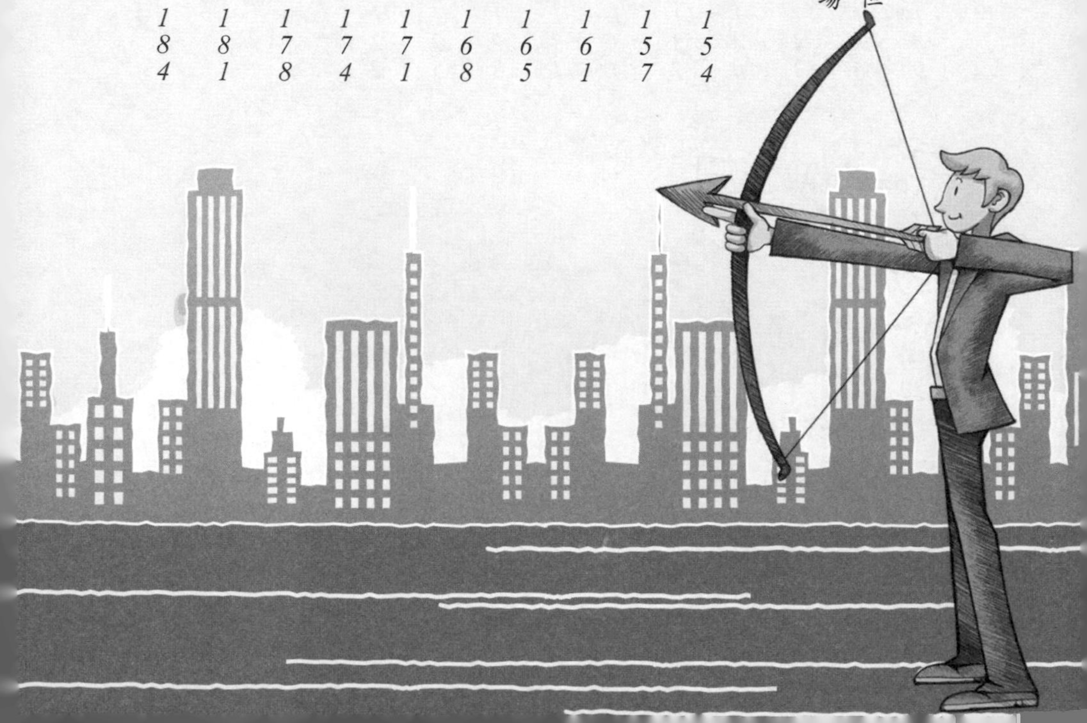

06. 把壞人變成另類的貴人

不要被不留口德的「壞人」看扁，要不斷激勵自己，一定要比對方強，如此一來，對方就會變成你人生過程中的另類貴人。

07. 感謝壞人送給你的機運

事情都已經發生了，不如動腦想想有何解決之道，或是如何「把壞人變貴人」，也許這將是另一個「弄拙成巧」的奇蹟。

08.

讓「偽善」發揮最強的力量

千萬別忽略「偽善」的力量，只要運用得宜，它不只能幫助你抬高身價，還能讓你獲得更多的喝采。

09. 找不到方向，就會暈頭轉向

很多時候，我們盲目地尋找解決之道，卻忘了最大的問題不是答案在哪裡，而是什麼才是真正的問題。

10. 助人，也要審時度勢

社會上還有許多需要我們伸出援手的人，只要衡量自己的能力，每個人都可以適度給予別人幫助。

PART 01

面對挑釁，何必太認真？

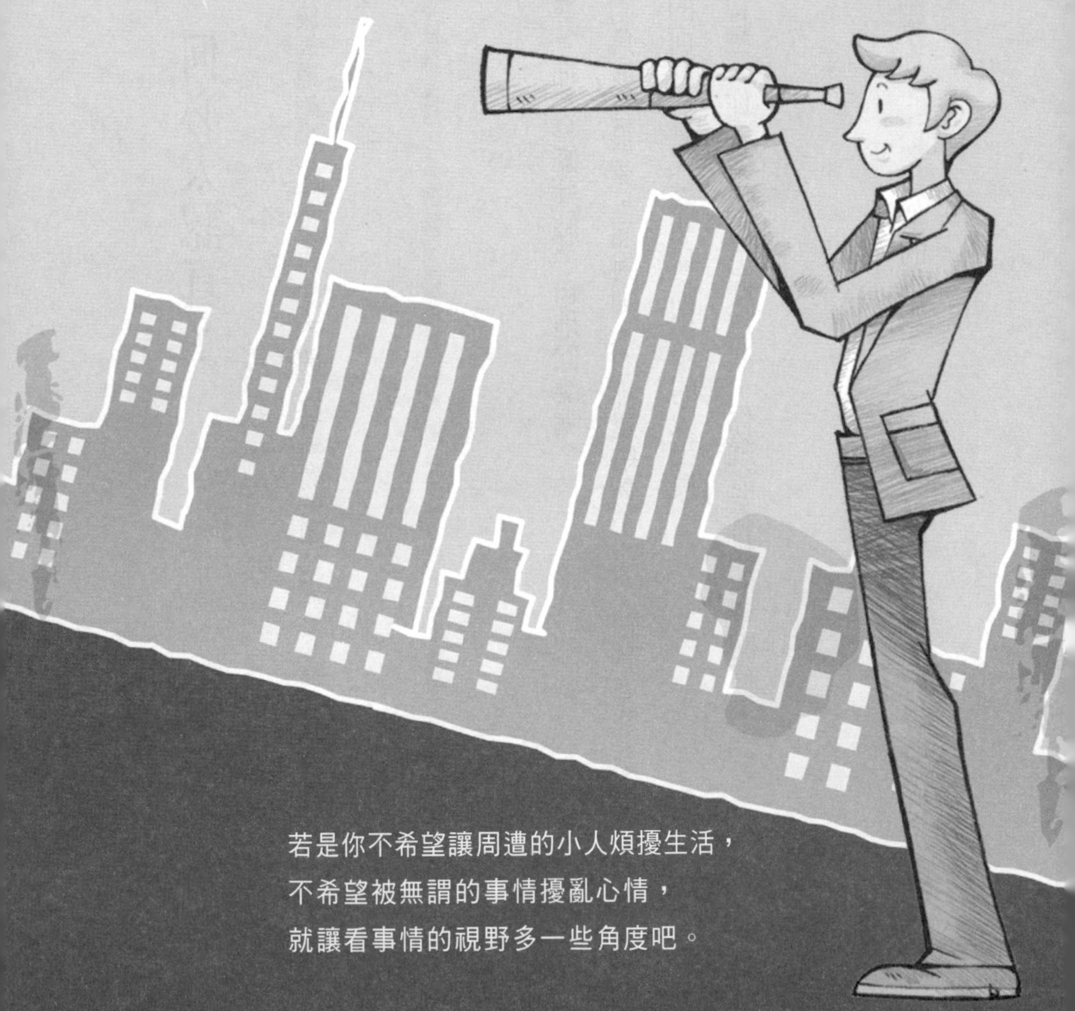

若是你不希望讓周遭的小人煩擾生活，
不希望被無謂的事情擾亂心情，
就讓看事情的視野多一些角度吧。

面對挑釁，何必太認真？

若是你不希望讓周遭的小人煩擾生活，不希望被無謂的事情擾亂心情，就讓看事情的視野多一些角度吧。

面對別人的挑釁，你都是臉紅脖子粗地回應嗎？

其實，看事情的角度有很多，面對別人的挑釁舉動，除了動氣之外，你可以有不同的解釋和不同的面對態度，讓想使你出糗的人出糗。

只要發揮你的智慧，你希望事情怎麼進展，你就能看見期望的結果！

美國自由派牧師亨利．沃德和他的姐姐，《湯姆叔叔的小屋》的作者斯朵夫人，都是廢除奴隸運動的鼓吹者和參與者。由於亨利．沃德經常在佈道時，揭露奴隸制度的罪惡，因此經常遭到奴隸主人的辱罵和攻擊。

有一次，他收到了一封信，拆開一看，上面只寫了兩個字：「白癡」。

佈道時，沃德談到了這件事，戲謔地說：「我常常收到寫完了信，卻忘了簽上自己名字的人，但是，居然有人只記得簽下自己的名字，卻忘了寫信，今天我倒是頭一次遇到。」

還有一次，沃德正在發表反對奴隸制度的演說時，台下突然傳出了一陣「喔喔喔」的雞鳴聲，這時會場一陣嘩然，沃德只好停止演講。

原來，台下的聽衆裡，有一些贊成奴隸制的主人，故意模仿雞叫的聲音，想干擾沃德的演講。但是，沃德非常鎭定，臉上沒有一點惱怒的神情，只是從口袋裡慢慢地拿出懷錶，認眞地看了一遍，又來回晃了幾下。

他這個舉動立刻吸引了台下的聽衆，會場頓時又安靜了下來。

於是，他滿臉認眞地對聽衆說：「太奇怪了，我的懷錶還好好的，沒有任何毛病啊！可是懷錶的時針卻指著十點鐘，我很肯定現在應該是清晨才對，因爲下面那些雞在叫喊，絕對是出自於動物的本能！」

詩人薩克雷曾經說：「假如你不懂得如何應付身邊那些討厭的小人，那麼，你一定不會成為智者。」

在這個人心叵測的時代，做人做事要多一點心眼，面對不懷好意的對手，更要懂活用自己的腦袋化解窘境。

當沃德的處理方法讓人會心一笑時，我們同時也發現，對事物的解釋方式原來比事物本身更重要，一切端看我們面對事情抱持什麼樣的態度，以及如何設定解釋的角度。

思考應該是寬闊的、深刻的，若是你不希望讓周遭的小人煩擾生活，不希望被無謂的事情擾亂心情，就讓看事情的視野多一些角度吧。

別當漲紅了臉的驢子

許多害怕技不如人的人，常會以嘲笑他人來掩飾自己的不足，殊不知當他嘲笑別人之時，也正嘲笑了自己。

缺乏才智的人最喜歡做嘲笑別人的事，蘇東坡就認爲「笑人者可笑」，這是因爲才智不足的人，只會用嘲笑的方法面對高手，或者一味虛張聲勢，卻怎麼也不敢與高手過招。

面對這樣的人，不要讓對方的敵意左右自己的意志，何妨以對方的邏輯加以回敬，讓他好好認清自己的嘴臉。

如果你懂得發揮創意，許多看似難堪的場面都會變得對自己有利。

德國著名的詩人海涅是猶太人，有一段時間，常常因爲種族問題，而在公共場合中被一些無聊的人士侮辱和攻擊。但是，海涅總是憑著機智、幽默，輕鬆地應付過去，把尷尬留給對方。

有一天，在一個晚會上，有個不懷好意的傢伙又想找碴，便故意趨前對海涅說：「我發現了一個小島，奇怪的是，這個島上竟然沒有猶太人和驢子哩！」

海涅看了他一眼，並沒有因爲對方的侮辱而動氣，只是不急不徐地回答說：「喔？照這樣子看來，只有你跟我一起到那個島上，才能彌補這個缺陷吧！」

在場賓客聽了這番妙答，不禁哄堂大笑，那個想要羞辱海涅的人，瞬間成了一頭漲紅臉的「驢子」。

想要提昇自己的處世競爭力，做人做事不一定要八面玲瓏，但是，一定要講究策略和技巧，幽默的談吐和適時的機智不只可以替自己解圍，同時也可以是和別人輕鬆溝通的工具。

當批評別人多過於反省自己，當審視事情的深層意義少於表面偏見，你的表現只會讓人覺得一無是處。

古人有云：「莫笑人短，莫恃己長」，一旦你刻意去嘲笑別人的缺點時，聰明的人早已看出你究竟是什麼貨色了。

日常生活中，許多害怕技不如人的人，常會以嘲笑他人來掩飾自己的不足，殊不知當他嘲笑別人之時，也正嘲笑了自己。

用幽默來感化解尷尬

生活中時常需要機智與幽默，讓自己在遇上瓶頸或跌倒時，有個台階下，並且找一個能讓自己帶著微笑，重新來過的新開始！

眞正聰明的人，不會因爲外來的刺激而情緒失控，更不會稍不如意便失去理智，反而會用幽默的態度面對。

因爲他們十分清楚，暴跳如雷於事無補，只會衍生更多衝突。

想化解尷尬，就先培養你的幽默感。

有時候，帶點自我嘲諷的意味，更能一針見血的指出問題所在，又因爲有幽默感的裝飾，不僅能化解尷尬，還能化險爲夷。

俄國著名的寓言故事家克雷洛夫，雖然號稱著作等身，但生活卻非常貧困，平時衣衫襤褸，而且常常因爲付不起房租，每隔一段時間就會被房東掃地出門。

一天，克雷洛夫又找到了一間新房子，但是這個房東看了他的窮酸模樣，擔心他會把房子的設備破壞，便在房契上加了一項但書：「如果租用者不小心引起火災，燒了房子，必須賠償一萬五千盧布。」

克雷洛夫看了這條很不合理的條款，不但不生氣，反而拿起筆，大方地在一萬五千後面，再加了兩個「○」。

房東瞪大了眼，驚喜道：「哎呀，一百五十萬盧布？」他以爲自己有眼無珠，遇到了一位大富翁還不自知。

怎知，克雷洛夫卻急不徐地告訴他說：「是的，反正不管多少，我都一樣賠不起，何不大方一點？」

房東聽到後，呆了半天都說不出話，最後只好取消這項但書。

詼諧幽默的應對方式就是彼此互動最好的潤滑劑。

也就是說，當你遇到自己不感興趣的問題，不知道該跟對方說什麼，或是不想跟對方糾纏不清的時候，就越必須用極出色的幽默感與對方溝通。

雖然克雷洛夫的說法有點無賴，但是當他用這種方式化解房東的無理要求時，卻也不禁令人莞爾。

他以嘲弄自己的幽默感，來處理房東的無理要求，不只一針見血地指出了對方的無理，也誠實地說出了自己的窘境。

生活中時常需要這樣的機智與幽默，讓自己在遇上瓶頸或跌倒時，有個台階下，並且找一個能讓自己帶著微笑，重新來過的新開始！

找個方法宣洩你的情緒

情緒一被撩撥上來，如果沒有適當的方式，不僅很容易傷及他人，也會讓自己積累了更多的怨氣。

遇到心情不好的時候，有人會打沙包，也有人會打小人偶，而大聲哭泣則是最常使用的方法。

你是怎麼發洩你的情緒的？相信你一定有自己的方法，只要不是直接面對人，一股腦地把情緒倒在對方的身上就好。

有一天，陸軍部長斯坦頓向林肯總統抱怨，有一個將軍很愛罵人，而且老愛說粗話。

林肯聽完後，建議斯坦頓寫封比將軍更尖酸、粗鄙的信，還教他一定要「狠狠地罵他一頓」。

斯坦頓回去後，立刻寫了一封措辭相當刻薄、強烈的辱罵信，然後興沖沖地拿給總統看。

「對！對！」林肯看了，讚許地說：「就是要這樣，好好把罵他一頓，你寫得眞好，斯坦頓。」

有了總統的讚許，斯坦頓感到非常得意，立刻摺好信，準備放進信封，但這時林肯卻攔住了他。

林肯問：「這封信你打算怎麼處理？」

斯坦頓訝異地說：「當然是寄出去啊！」

林肯大聲說：「等等，這封信不要寄出去，你把它丟進爐子裡吧！只要是生氣時寫的信，我都會這樣處理。相信當你痛快地寫著這封信時，心裡的怒氣也已經消了吧！現在感覺有沒有好多了呢？這時候，你不妨把它燒掉，另外再寫一封吧！」

每個人都有情緒，也都會有必須發洩的怨氣，有時候並不是爲了指責什麼人，通常只是爲了「發洩」而已。

只是，情緒一被撩撥上來，如果沒有適當的方式，不僅很容易傷及他人，也會讓自己積累了更多的怨氣。

於是，你得找個不傷人又能平息心中怨氣的方法，像林肯的書寫方式，打沙包、打小人偶，或是用力地吶喊，只要將情緒宣洩出來，你又會有另一個新的開始。何必和那些尖酸刻薄的小人一般見識呢？

對你好的人，不一定是貴人

只要讓自己快速學會對付小人，你就能在小人欺負你時，知道如何見招拆招，反過來牽著對方的鼻子走！

作家蒙森曾說：「凡是小人，通常都有一個共同點，那就是他們往往都會戴著貴人的面具出現在你身邊。」

因此，千萬別天眞地以爲在你最困難無助的時候，向你伸出援手的人，就是拯救自己的貴人，因爲，這個在你眼中的「貴人」，極有可能就是在背後讓你陷入困境的那隻黑手。

爲人處世有個很重要的教訓是：不可太信任別人。當然，這並不是教你陷入另一個極端的猜疑，而是提醒你凡事要先進行了解，千萬不要因爲人家說什麼，你就照著做什麼，否則就會被身邊的小人耍得團團轉。

紐約電話公司的總經理麥卡隆，因爲小時候被人開了一次大玩笑，於是學會了自我判斷與自我解決事情的能力。

當時他還是個小孩，雖然工作經驗還不少，卻很容易上當。那時的他在火車站的車道上做各種零工，常常受到一些工人的愚弄。

在一個炎熱的夏天中午，位於山岩與河流之間的車站熱得像鍋爐一樣，有個叫比爾的工頭，卻煞有介事地要求麥卡隆去拿一些「紅油」，以便晚上點「紅色的電燈」之用。他告訴麥卡隆「紅油」得到圓房子裡拿，麥卡隆恭恭敬敬地接收指令，便到那裡跟他們要「紅油」。

「紅油？」那裡的職員十分奇怪地問：「做什麼用的呢？」

「點燈用的。」麥卡隆解釋說。

「啊，我曉得了。」那個職員心中似乎明白了：「紅油是在過去那個圓房子的油池裡。」

於是，麥卡隆就在那滾燙的焦煤碴上又走了一里路之遠。到了油池那裡，有人告訴他「紅油」並不在那裡，更不知道那是什麼東西，於是便叫他到站長的辦公室裡去問清楚。

麥卡隆在大太陽底下，就這麼來來回回走了一整個下午，最後他著急了，便跑去問一個年老的工程師。這個慈祥的老工程師心疼地望著他說：「孩子呀！你不曉得那紅光是紅玻璃映射出來的嗎？你現在回到工頭那裡去和他理論吧！」

麥卡隆得到這次教訓後，發誓以後絕不要像呆子一樣，被人玩弄了還搞不清楚狀況，他決心以後做任何事都要把眼睛睜大，耳朵聽仔細，腦袋瓜子也不再只是用來放帽子的地方。

法國大文豪雨果在他的名著《鐵面人》中，曾經這麼譏諷地寫道：「天底下最可憐的笨蛋，是那些從來不懷疑別人可能言行不一，而對別人所說的話一味地信以為真的人。」

現實的社會充滿陷阱，處處可以見到欺騙、詭詐、巧取豪奪；複雜的人性捉摸不定，有時散發著善良的光輝，有時流露著醜惡的慾望。

每個人的身邊都會圍繞一群小人，諷刺的是，我們都曾因爲認識不清，對這群小人深信不疑。在這個大家認爲「小人不能惹」的年代中，具備一點心機，做好自保工作，無疑是防範小人要奸耍詐的首要課題。

害怕被小人愚弄、欺負嗎？那麼你就要把眼睛睜亮點，腦子放靈活些，懂得判斷，並且努力學習。只要讓自己快速上手，你就能在小人欺負你時，知道如何見招拆招，反過來牽著對方的鼻子走！

不要習慣依賴別人，也別老是等待別人的答案，你必須要有自己的判斷力，要有自己看待人事物的方法，多用自己的大腦去思考，你才能走出自己的路。

逆向思考，就能找到新方向

在現代人性叢林中，別只會在筆直的道路上行走，迷了路只會停在原地等待救援。

想從芸芸眾生中脫穎而出，比別人早一步成功，你必須同時具備做人與做事應有的應變智慧。

當事情陷入膠著狀態，你能不能適時運用自己的聰明機智，讓它朝著自己希望的方向發展？

所謂的機智，就是發現不同事物之間的相似之處，以及發現相似事物之間的差異。機智對於人際之間的應對進退有著無窮妙用，面對那些惹人厭的人事物，每個人都應該設法讓自己聰明一點。

美國有個店員，因爲工資糾紛要和老闆打一場官司，於是請了一位很有名的律師幫他打這場官司。

不知道爲什麼，店員與老闆的工資糾紛，演變到後來，竟然成了債務糾紛，不過雙方在這件事情上都沒有證據，都無法證明自己的清白。

這個店員非常擔心會輸了這場官司，即將宣判之時，向律師提出一個想法，想送一份厚禮給法官。

律師一聽，連忙制止：「千萬別送禮，這時候送禮，反而證明你心中有鬼，本來還有贏的機會，一旦送了禮，那麼你肯定要輸了。」

店員了解地點點頭，表示不會送禮。

但是，他回到家後，想了想律師的話，覺得裡面大有文章可做，於是瞞著律師，送了法官一份厚禮。

沒想到，不久之後法庭開庭判決，店員贏得了這場官司。

這個店員十分自豪地對律師說：「感謝您當初給我的指點，我還是送了一份厚禮給法官，不過，在禮品的名片上，我寫上了老闆的名字。」

律師聽到後，目瞪口呆地一句話也說不出來。

店員因爲送禮而打贏了官司，關鍵在於他有一顆靈活思考的腦袋。

當別人只用一條直線在思考，認爲「送禮」是理虧的證明的時候，他卻能反向思考、逆向操作，尋找新的解決辦法，亦即假冒老闆的名義送禮，讓法官對老闆產生不良印象。

這估故事無疑告訴我們，在現代人性叢林中，別只會在筆直的道路上行走，迷了路只會停在原地等待救援。其實，你一點也不需等待別人的救援，因爲，只要你肯花點腦筋，再多繞幾個彎，就能到達目的地了。

不要聰明反被聰明誤

不要太相信自己的學經歷，天才與蠢才之隔，就是一個時常動腦思考，一個靠著小聰明而頻頻跌倒。

德國科學家貝爾納曾說：「不少學者就像是銀行的出納人員，即使掌握了許多金錢，這些錢也不是他的財產。」

正因爲如此，我們才會在層出不窮的詐騙案中，赫然發現許多受害者有著超高學歷，甚至是教授級人物。

不是會唸書的人就一定聰明，也不是學歷高的人說的話就一定對，因此，別再仗著自己有些小聰明而志得意滿。

如果你沒有讓自己繼續成長，你的小聰明永遠就只有那些。

成長與學習停滯的人，永遠也不會有大智慧，希望自己能有所成就，肯定是件困難的事。

一位美國汽車修理師有一個習慣，非常喜歡在工作時說笑話。

有一次，他從引擎蓋下抬起頭來，問一位前來修車的博士：「博士，有個又聾又啞的人到一家五金行買釘子，他把兩個手指頭並攏，放在櫃台上，又用另一隻手做了幾次鎚擊動作，於是店員給他拿來一把鎚子。他搖搖頭，指了指正在敲擊的那兩個手指頭，店員便給他拿來了釘子，他選出合適的就走了。接著，店裡又進來了一個瞎子，他要買把剪刀，你猜他要怎麼表示呢？」

這位博士想了一下，便舉起右手，用食指和中指，做了幾次正在剪東西的動作。

修理師一看，開心地哈哈大笑起來：「啊！博士你眞笨，他當然是用嘴巴說要買剪刀呀！」

接著，這個汽車修理師又得意洋洋地說：「今天，我用這個問題把所有的顧客都考了一下。」

「上當的人多嗎？」博士急著問。

「不少。」汽車修理師回答說：「但是，我早就知道你一定會上當。」

「爲什麼？」博士詫異地問。

「因爲你受的教育太高了，博士，光從這一點，我就可以知道你的腦袋打結，不會太聰明啦！」

一般人之所以遭遇失敗、遭到坑騙，多半是由於腦袋太過單純，思想太過僵化，不懂得權謀變通。

做人做事多一點心眼，才會多一點勝算。千萬不要淪爲學識豐富的傻瓜，也不要讓自己的腦筋打結。

人生充滿危機和變數，人不可能全知全能，出糗與上當是每個人都沒有辦法逃避的人生考驗，狡詐的人永遠會想盡辦法挖掘你的盲點，刺激你的缺陷，好讓你暴露出更多弱點，然後把你耍得團團轉。

擁有多少知識並不等於擁有多少才智，現實生中充滿著許許多陷阱，勤於思考才是避免犯錯的最佳途徑。

不要太相信自己的學經歷，天才與蠢才的區隔，就是一個擁有大智慧，時常動腦思考，一個靠著小聰明而頻頻跌倒。

如果你常覺得自己懷才不遇，或者老是上當受騙，那麼你可要重新評估自己的聰明才智囉！

太過自信、自傲的人，往往活在自我設限的框架中，讓原有的聰明才智難以發揮。成敗就掌握在你手中，眞正成功的人不會迷失在別人精心佈置的疑陣中，也更明白如何才能一鳴驚人，爲自己創造無人能取代的地位。

別當殺雞取卵的傻瓜

千萬別做出殺雞取卵的傻事，因為，你把別人當成傻瓜，別人也會把你當成傻瓜，到時候傷透腦筋的人，就是你自己。

建立蘇維埃政權的列寧曾說：「為了能夠分析和考察各種狀況，應該在肩膀上長著自己的腦袋。」

當你面臨選擇的時候，應該要有屬於自己的獨立思考方式，方能做出最有利於自己的判斷和抉擇。

有一個少年經常被他的朋友們譏笑、戲弄。

因爲，這些人常拿一枚五分鎳幣和一枚一角銀幣，讓他從中挑選一個，而他總是拿那個面值最小的五分鎳幣，所以大家總是喜歡拿這件事來戲弄他。

後來，有個同情他的小朋友，悄悄指點他說：「我告訴你，那個一角銀幣雖然看起來比較小，但是卻比那個五分鎳幣價值高，你可以買更多的東西呢！所以，以後他們再讓你選的時候，記得要拿那個銀幣啊！」

「可是，如果我拿了那枚銀幣的話，他們以後就不會再給我錢了。」這個看似愚笨的少年回答。

原來，這個少年一點也不笨，他可是比誰都還精明呢！

他之所以要拿鎳幣，是因爲他想讓這個遊戲繼續玩下去，他當然知道銀幣的價值，但是一旦拿了銀幣，這個遊戲肯定就會結束了，所以故意選取鎳幣，才是長遠之計，畢竟小錢累積起來也是很可觀的。

故事裡的小人物，其實正是大智若愚的表現。

這個聰明的少年，不以眼前的小利爲滿足，而是以長遠的利益著眼，雖然被人譏笑，受人戲弄，但是他都不以爲意，反而迎人所好，儘管輸了面子，卻贏了銀子。

對各行各業的企業經營者來說，相信從這則小故事裡也能得到啓發，只要捨得放棄眼前利益，努力經營、累積實力，就算目前只是小本經營，將來也能有成爲大企業的一天。

千萬別做出殺雞取卵的傻事，因爲，你把別人當成傻瓜，別人也會把你當成傻瓜，到時候傷透腦筋的人，就是你自己。

反應太慢，只能不斷失敗

機會可能會有很多不同的面貌，但是，並非每個人都能及時看見，並緊緊抓住它。

英國有句格言是這樣說的：「有四件事一去不回：出口之言、發出之箭、過去之時、忽略了的機會。」

反應太慢，有的時候也是一種錯誤。因爲，難得的機會往往只會降臨一次，而且很多時候，常常在我們還沒有了解到那就是「機會」之前，它就悄然消失無蹤了。

有個農夫因爲不小心跌斷腿進了醫院，醫生於是問他是怎麼把腿跌斷的。農夫

回答：「二十五年前，我在一個財主家當長工，有一天晚上，財主的獨生女來找我，問我：『你有什麼需要我的地方嗎？』」

「我回答她：『沒有。』」

「她又再問了一次：『你眞的不需要我嗎？』我堅定地告訴她：『眞的不需要。』然後她就走了。」

醫生聽了覺得很奇怪，便問農夫：「這跟你摔斷腿有什麼關係呢？」

農夫嘆了口氣回答：「昨天當我正在屋頂上修理破掉的屋瓦時，忽然之間才明白了她的意思。」

腦筋遲頓的農夫終於想通了那個晚上財主的女兒到底暗示什麼，只不過已經遲了三十年了。

要是當時就明白她的意思，搞不好現在就過著吃香喝辣的生活，又何須爲了怕下雨，辛苦修理屋頂呢？這也難怪他要失神到從屋頂跌落了。

要知道，誰能及時抓住機會，誰就抓住了成功的尾巴。

機會可能會有很多不同的樣子與面貌，唯一不會變的，就是並非每個人都能及時看見，並緊緊抓住它。箇中原因有很多，但「反應太慢」應該是許多人都曾有的遺憾。

不妨回想一下自己過去的遭遇，再看看眼前四周，有沒有什麼機會可能是我們已錯過，或即將錯過的？

它也許看起來並不起眼，也許一開始我們還是會與它失之交臂，但不論如何，如果還不算太晚，趕緊張大你的眼抓住它吧！

沉得住氣，才能掌握全局

不管做任何事情，操之過急只會讓自己吃虧。能夠沉得住氣，再三確認步驟與細節，事情才能做得既漂亮又有效率。

聰明的人都知道，聽人家把話說完不但是一種基本禮貌，對自己也是一種保障。因爲，我們永遠無法事先預知對方究竟想表達什麼意思，爲了節省事後補救的功夫與時間，多花幾秒鐘把話好好聽完，可以說是最划算的「投資」了。

尤其，當我們從客戶或是上司那裡得到命令或吩咐的時候，更應該仔細把對方的意思弄清楚再開始行動。

有個講話總是結結巴巴的人到商店買飲料，因爲不確定自己錢帶得夠不夠，於是打算問老闆。

結巴：「老老老老老老闆，一一一一瓶瓶瓶可樂……」

急性子的老闆聽得十分難過，沒等他說完就幫他拿了一瓶可樂。結巴又問：「多多多少錢？」

老闆耐著性子回答：「十八塊！」

結巴：「買買買買買買買買……」

老闆實在聽不下去了，等不及他講完，就幫他把瓶裝可樂打開。

結巴：「……買買買不起……不不不不要了。」

當急性子的老闆遇上結結巴巴的客人，沒耐性、急就章的後果，就是白白損失了一瓶可樂。

做事不要太性急，英國哲學家法蘭西斯．培根就曾經這麼說過：「過於求速，是做事時最大的危險之一。」

爲什麼沒有耐心的人特別容易做錯事呢？這是因爲，他們做事總是不用心，嫌了解細節太過麻煩，不肯多花一些時間做確認的工作，經常連狀況都沒弄清楚就埋著頭往前衝。

這麼衝動的後果，往往是等到事情進行了一半才發現自己錯得離譜，但一切卻都爲時已晚了。補救的話，得要花上很大的精力，但不補救，成果又令人無法接受，這種進退不得的狀況可以說是最糟糕的。

別忘了，不管做任何事情，操之過急只會讓自己吃虧。特別是在重要的關鍵時候，一定要能沉得住氣，再三確認步驟與細節，才能掌握全局，把事情做得既漂亮又有效率。

PART 02

提升應變能力，才能逢凶化吉

現實生活裡，任何事都可能發生，
許多人習慣以硬碰硬，
或以強制的手法來解決事情，
其實，這種方法只會讓事情變得更加棘手而已。

正話反說，就能把事情輕鬆解決

如果我們能從人性的心理著手，以旁敲側擊或是正話反說的方式克服，不僅不會得罪任何人，還能收到很好的功效。

戴爾．卡內基在《人性的弱點》裡說：「太陽能比風更快的脫下你的大衣；風趣幽默的方式，比任何命令更容易改變別人的心意。」

日常生活中，有些人的習慣是無法用強制的方法加以改變的，與其命令，倒不如反其道而行。

在印度，許多婦女都習慣帶著帽子看電影。

可是，這些帽子常常擋住後面觀眾的視線，於是便有員工建議電影院的經理，張貼個公告，禁止她們戴帽子進場。

但是，經理卻搖頭說：「這樣限制的話，恐怕會造成觀眾的流失，我還是必須尊重她們戴帽子的習慣。」

大家聽了之後，都感到十分失望。

不過到了第二天，在影片放映前，這位經理卻在銀幕上播放了一段公告：「本院爲了照顧『衰老有病』的女客人，特別允許她們戴著帽子，即使電影放映時也不必摘下。」

但是，當這串文字從螢幕上一跑出來，所有的女客人立刻都把帽子給摘下來了。

聰明的電影院經理，利用一般人害怕衰老有病的心理，沒有得罪任何客人，輕輕鬆鬆地就把問題解決了。

我們習慣以「限制」或「法令」來強制規範別人的行爲，但是，成效不彰的情況比比皆是，這是因爲大多數人都不喜歡「被約束」的感覺。

如果能從人性的心理著手，以旁敲側擊或是正話反說的方式克服，不僅不會得罪任何人，還能收到很好的功效。

遇到那些蠻橫不講理或不遵守規矩的人，大文豪莎士比亞提醒我們：「不要輕易燃起心中的怒火，它燒不了敵人，只會灼傷自己。」

每個人的周遭都有一些讓人難以忍受的人，當你想挺身而出主持公道的時候，千萬不要輕易抓狂，應該暫時忍下心中的憤怒與衝動，如此才能冷靜想出應變知道，輕鬆戰勝這些人。

嘲弄，也是應付小人的方式

連大學者胡適，都曾被狠狠地被嘲諷了一番，那些總是粗淺學習的人，或老是帶著半調子而自大驕傲的人，更不值一提了。

俄國幽默作家契訶夫曾經說道：「一次絕妙的嘲笑，所起的作用會比十次訓話還大得多呢！」

在某種情況下，嘲諷令人厭惡的小人，不失爲制止他們氣焰的好方法。

不過，嘲諷是相當高深的藝術，只有那些擅長心理作戰的人才能運用自如。他們總是能運用一些特殊的方法，從別人意想不到的角度切入，達到自己想要取得的效果。

有一段時間，胡適對於墨子的學說很感興趣，而且也下了許多功夫研究，自認爲頗有心得。

在一次宴會中，胡適與黃季剛正好坐在一起，一坐下來，便迫不及待對黃季剛大談墨子思想。但是，黃季剛在他說完後，突然大罵道：「現在講墨子的人，都是混帳王八蛋。」

胡適知道黃季剛素有「黃瘋子」的外號，既然話不投機半句多，只好忍住不再多話，對剛剛的事也不作任何回應。但是，怎料黃季剛竟繼續罵著：「胡適的父親是混帳王八蛋。」

這下子，個性和順的胡適再也忍不住了，氣憤地對著黃季剛怒斥不該侮辱他的父親。沒想到，黃季剛卻反而微笑著說：「你不要生氣，我只是要考一考你，你知道墨子講求兼愛，也說他是無父的，但在你心中卻仍有父親，可見你還不是墨子的標準信徒。」

雖然這是一句很粗俗的玩笑話，卻一針見血地說中了胡適對於墨學研究不夠深入的事實。

黃季剛的這句玩笑，讓胡適知道所學不夠專精的缺點，用「話中有話」的方式對胡適作指導，如此一來，反而減少了直指缺失時的對立。

這則故事隱藏了兩個不同的意義，一是用玩笑話的解題技巧，另一個則是深入研究的重要性。

尼采說：「凡事一知半解，寧可什麼都不知道。」

連身爲大學者的胡適先生，都曾被黃季剛評定爲研究不夠深入，還被他狠狠地被嘲諷了一番，那些總是粗淺學習的人，或老是帶著半調子而自大驕傲的人，更不值一提了。

從這則小故事中，我們不難理解，有時候，適時地加以嘲弄也不失是應付小人的一種方式。

不要用情緒解決問題

「以柔克剛」的溝通技巧，不僅讓可能引起對立的情緒消失，更能心平氣和地溝通交談。

德國作家孚希特萬格說：「只有傻子才會對照出自己容貌的鏡子生氣。」這番話告訴我們，面對別人的批評，先按捺住情緒，勇敢檢討自己所有的缺失，才是明智之舉。

千萬不要用情緒解決問題，聰明的人必須根據不同的情勢，採取相應的作戰方針，不管伸縮、進退，都應該進行客觀的評估，如此才能獲得勝利。可別因爲一時沉不住氣，導致自己一敗塗地。

日本知名的心理學者多湖輝先生，就讀大學的時代，曾遇上一位教學非常嚴格的德文教師。

有一次，講課之時，這個德文老師不小心犯了一個錯誤，而發現這個錯誤的，只有多湖輝一個人。

於是，多湖輝爲了讓老師出醜，便直指老師的錯誤，但是老師卻很謙虛地說：「你說得對，能發現這麼重要錯誤的，只有你一個人，其他的同學都沒發現嗎？是不是都在睡覺呢？」

老師誇讚了多湖輝之後，接著說：「這個部份是每個人都很容易出錯的地方，大家要特別注意。」

本來，多湖輝和同學們都認爲，老師會因爲學生的指責而惱羞成怒。沒想到他竟是如此友善，虛心受教，在誇獎多湖輝後，反而讓學生們對老師產生了敬重，更加肯定他的教學，從此也不再批評老師嚴格的教學了。

從多湖輝的這則小故事中，我們學到了另一種「以柔克剛」的溝通技巧，更學到以「謙虛爲懷」化解問題的好處，不僅讓可能引起對立的情緒消失，更能心平氣和地溝通交談。

這正是習慣以情緒解決問題的現代人，所必須學習的技巧。

批評和指責的原因一點也不重要，重要的是，在發現問題後如何改善，並且記得不再犯同樣的錯。

所以，下次若有人不客氣地告訴你：「你知不知道你犯了很大的錯誤」時，別急著動火，先說聲「謝謝」。

相信對手會因爲你的虛心受教，願意提供更多的意見，甚至給予協助，爲彼此創造雙贏的新局。

心機會提高成功的機率

不管是在商場上，還是政治爭鬥中，只要你能比別人多用一分心機，那麼你就能比別人多十分的成功機率。

這是個全球景氣低迷、痛苦指數居高不下，但是又充滿機會的時代，許多人因爲經濟環境不斷惡化而過得更差，但是，也有人不斷創新，在不景氣中逆勢上揚。

這種現象說明了一個重點：智力代表著成功的機率。

在人生的各項競爭中，是否具備聰明才智，懂不懂活用心機，往往是決定勝負的關鍵。因此，平常就得經常鍛鍊自己的腦力，讓才智像太陽一樣發光，如此它才可能成爲你克敵致勝的秘密武器。

宮本武藏是日本史上最著名的劍客，不但武藝超群，而且對兵法、禪學及心理學都有相當的研究。因爲他上知天文又下知地理，更懂得舉一反三，將理論落實於生活中靈活運用，總是能在歷次爭鬥中獲得勝利。

像他和佐佐木小次郎在岩流島的決鬥，就充分地顯示出他的作戰技巧。

首先，他和對方約定好決鬥的時間，接著故意遲到二個小時，這麼一來，對手佐佐木小次郎在等待的過程中，便會產生厭惡和急躁的情緒，而導致對手注意力的分散。

第二，在準備決鬥之時，宮本武藏刻意選擇了背向大海的位置，如此一來，佐佐木小次郎就正好面對直射過來的陽光，因爲受到陽光的刺激，雙眼便很容易產生疲勞。

而且，聰明又狡猾的宮本武藏站在背對太陽的方向，對於面向太陽的小次郎來說，宮本武藏冷酷的形象便會加大，於是，在戰前的心理交戰中，宮本武藏佔盡了優勢。

結果，佐佐木小次郎在無法充分發揮實力之下，毫無懸念地被對手一劍刺死了。

雖然，當時在場監戰的高手都指出，小次郎的戰鬥實力並不比宮本武藏差，甚至比他更強。但是，宮本武藏善於利用天勢、地理等條件，又能掌握對手的心理，自然顯得技高一籌了。

真正的高手不會用蠻力迎戰敵人，而會採取以智克人的方式，靠機智獲得最後的勝利。

著名的空城計，讓諸葛亮不戰而屈人之兵，順利嚇走司馬懿，不只是一場成功的守城，更是諸葛亮結合了心理戰術，以智取勝的結果。援用到現實生活中，不管是在商場上，還是政治爭鬥中，只要你能比別人多用一分智力，多用一分心機，那麼你就能比別人多十分的成功機率。

不要再埋怨競爭對手有多可惡了，現實一點！活在這個腦力競賽的世紀，你唯一能做的，就是審時度勢，運用腦力幫自己達成目的。

與其強迫威逼，不如投其所好

溝通有很多種方法，我們可以用不傷人的方式，或旁敲側擊的暗喻來表達，只要懂得延伸和變通，事情就能有更完美的結果。

法國哲學家拉布呂耶爾說：「與其令對方服從我們，不如我們附和對方更為便捷而且有益。」

沒有人不喜歡對自己有益的事情，因此，附和對方的喜好，然後找出雙方的共同點，就會使交涉更加便捷，更有益處。

很多時候，與其強迫威逼，不如投其所好來得有效，想要獲得成功，就必須懂得解讀別人的心理需求，明瞭對方要的是什麼，尤其是面對小人，這套心理作戰方式更加重要。

有一次，名作家愛默生爲了把一頭小母牛趕進牛欄，費盡了力氣都無法完成。他的兒子愛德華見狀，便用一隻胳膊摟住牛的脖子，而愛默生則在後面推，沒想到們越用力，小母牛越不願移動。

父子倆爲了這頭母累得面紅耳赤、滿頭是汗，全身都沾滿了牛糞，簡直氣瘋了。

這時，有位愛爾蘭小女孩路過，看到這個景象，便在一旁開心地大笑。只見她走了過來，把一個手指伸進小母牛的嘴裡，溫柔地拍著牛背，就這麼輕鬆簡單地讓小母牛乖乖走進了牛欄。

愛默生看到這情景之後，陷入了沉思，還把此事記入他的手記中。

另外，有一個關於邁克爾．費羅迪發明第一架電動機的軼聞。

費羅迪發明了電動機後，爲了讓英國首相威廉對他的發明感興趣，並給予支持，於是帶著原始模型——「一塊磁鐵，上面繞著一些電線」去找首相。

他給首相看了模型的操作，並講解其中深奧的原理，可是，在他解說的時候，首相卻始終提不起興趣。

「使用它有什麼好處呢？」首相不耐煩地問費羅迪。

「當然有好處，有一天，你可以從它的身上增加許多稅收。」這位科學家靈機一動地回答道。

首相一聽可以增加許多稅收，馬上對他的發明表示認可，並給予他很大的支持。

在這個講究策略的年代，心機儼然成了最重要的競爭力。

其實，每個人的心頭都潛藏著一些心機，例如阿諛奉承、過河拆橋、見縫插針以及如何利用別人對自己的信任……等等，做人有些心計並不是什麼壞事，關鍵就在於如何將心機用在最恰當的時機。

我們所遭遇的人，可能比我們想像中正直，也可能比想像中陰險，尚未摸清對方的人格特質與心理需求，就採取直來直往的應對方式，試圖與對方較勁，或者「以理服人」，其實是相當危險的。

結果不是徒勞無功，便是讓自己碰得鼻青臉腫。與其如此，倒不如旁敲側擊，以「投其所好」的方式應對或說服。

想要說服別人，尤其是滿身是牛脾氣的人，就必須先了解他們對什麼事最感興趣，進而順勢引導，才能獲取成功。

其實，以他們最感興趣的事物作誘引，並不是迎合拍馬，而是一種不得不然的溝通技巧，那只是一種輔助的方式，與你的終極目標完全沒有衝突，你的人生方向也絲毫不受影響。

溝通有很多種方法，我們可以用不傷人的方式，或旁敲側擊的暗喻來表達，只要懂得延伸和變通，事情就能有更完美的結果。

提升應變能力，才能逢凶化吉

現實生活裡，任何事都可能發生，許多人習慣以硬碰硬，或以強制的手法來解決事情，其實，這種方法只會讓事情變得更加棘手而已。

任何事情都有正反兩面，就像一把刀，如果你抓的是刀刃，最好的事情也會傷害你；如果你抓的是刀柄，那麼最有害的事情也會保護你。

在這個小人橫行的年代，遇到凶險能不能保護自己，讓自己全身而退，關鍵就在於應變能力的強弱。

想要避免突來的災禍，必須多多訓練自己的危機應變能力，學習基本防身術或是研究人性心理，都將有助於提高機警、應變的能力。

一天深夜，有個打算犯罪的男子，在地鐵站盯上了一位婦女。出了車站之後，這名男子一路跟蹤婦人，一直跟到了一個很偏僻的地方。此時夜深人靜，男子見四下無人，便準備伺機對婦女行搶、施暴。

只見他加緊了腳步，一下子就趕上了這位婦女，沒想到就在這個時候，婦人突然轉過身來，以十分誠懇的語氣說：「啊，先生，很高興能碰上你，現在夜深人靜，路又黑暗，我一個人要趕路實在很不安全，你可不可以陪我一段路啊！」

婦人拜託這名男子，並且以非常信任的口氣對他提出請求，這個舉動竟讓男子一時間不知所措，只好茫然地點頭答應了。

一路上，婦人將他當做是熟識的朋友一般聊天，一點也沒有把他當成歹徒加以防備，這使得原本想犯案的男子，不知不覺地將她送到家門口，並且始終沒有採取任何行動。

事後，這個男子回憶說，他本來是想對她行搶、施暴的，但是因爲她的這個舉動，不僅令他打消了犯罪念頭，更使他恢復了正常的人性，從此他再也沒有動過犯罪的念頭，反而多了份行俠仗義的企圖心！

其實，根據犯罪心理學家的研究，一般罪犯者在心理上比較自卑，往往缺乏信心，對自我價值抱持著否定的態度。這位婦女是以肯定人性的心理戰術，並且機警地運用「以柔克剛」的態度，不僅順利地感化了對方，也爲自己化解了一次危機。

現實生活裡，任何事都可能發生，許多人習慣以硬碰硬，或以強制的手法來解決事情，其實，這種方法只會讓事情變得更加棘手而已。

想在險惡的人性叢林中求生存，聰明的人考慮問題、制定謀略的時候，一定要兼顧利與害。既要充分考慮到有利的方面，同時也要考慮到不利的一面，保持清醒的頭腦，才不會衍生不必要的後遺症。

試著放軟身段吧！不要以卵擊石，而要以柔克剛，如此才能逢凶化吉。

保持鎮定，你才能脫離險境

開始行動的時候，一般人都會非常專注而仔細，但是，這樣的努力往往持續不到幾分鐘，便慢慢地開始失去了耐性了。

每個人都有個性上的缺點，也有著視野上的盲點，遇到危險的時候，只要你能保持鎮定，掌握這些人性的通病，就能幫助自己脫離險境。

你必須提高應變能力，把自己訓練得像兔子一樣敏捷，像狐狸一樣狡猾，像老虎一樣沉穩而又凶悍。

一八九七年，密謀策動革命的列寧，被俄國沙皇當局逮捕，流放到西伯利亞邊區。到了西伯利亞，列寧仍不放棄革命活動，積極地在各地運作，並和各區革命活動的參與者保持聯繫。

當然，沙皇也沒有放鬆對列寧的監視，不過，機警的列寧每次都能巧妙地擺脫險境，而這些機智表現，更加突顯了他的智慧與勇氣。

一八九九年五月二日的晚上，沙皇的憲兵隊突然闖入了列寧的住處進行搜索，遇上這個突如其來的搜查行動，列寧仍從容而鎮定地將椅子遞給憲兵，讓他們有個輔助工具能站上去，方便搜尋櫃子的頂端。

於是，憲兵們都爬上了椅子，開始仔細搜查。剛開始，他們找得非常仔細，但是面對著一疊又一疊的統計資料，他們看得都昏頭腦脹了起來，慢慢地也失去了耐心，一直搜到下面幾格抽屜時，只是隨便地掃了掃，就不再繼續搜索了，最後扔下滿屋子的紙張卡片，一無所獲地離開。

其實，他們都沒料到，只要他們搜查得再仔細一點，馬上就可以找到他們所要的證據了。因爲，列寧最重要的秘密文件和書信，正是放在櫃子最下面的那幾個抽屜裡。

開始行動的時候，一般人都會非常專注而仔細，但是，這樣的努力往往持續不到幾分鐘，便慢慢地開始失去了耐性了。

關於這一點，列寧當然非常清楚，所以他鎮定地轉移憲兵們的注意力，讓那些士兵們開始產生「三分鐘熱度」的效應，使自己躲過這場危險的搜查行動。

換個角度想，我們是否也像這些憲兵一樣，經常是三分鐘熱度？

在這個故事中，除了告訴我們保持鎮定的重要性外，另一個重點，就是做任何事都要堅持、有耐心，只要能多堅持一秒，成功就能與我們更靠近。

遭逢困境或瓶頸之時，必須認清現實，冷靜地分析如何突破，因爲，導致我們失敗的，往往不是困境本身，而是我們面對困境的心理狀態！

眞正聰明的人，總是保持冷靜的心境，讓自己順利突破困境。

別把時間浪費在抱怨上

遇到任何困境或難題時，不要只會抱怨、跳腳，別把時間浪費在哭泣上，快擦乾眼淚吧！

世間的小人無所不在，只不過有的小人是顯性的，有的小人是隱性的。

一般而言，隱性的小人遠比顯性的小人更難提防。這是因爲，遭遇顯性的小人，我們會事事謹愼小心，深怕自己被坑被騙，但是，隱性的小人卻常常犯下「無心之過」，讓我們疏於提防之餘欲哭無淚。

不過，既然悲慘的事情都已經發生了，抱怨或哭泣都無濟於事，只要馬上採取補救行動就能扭轉局面。

托馬斯．卡萊爾是十九世紀英國的著名作家，他以《法國大革命史》和《英雄、英雄崇拜及歷史上的英雄人物》兩本著作聞名於世。

《法國大革命史》第一卷即將付印之前，托馬斯．卡萊爾答應經濟學家彌爾的要求，將原稿先借給他看一看。誰知，彌爾閱讀完之後，未經同意又把稿子借給泰拉夫人閱讀。

不幸的是，泰拉夫人翻閱之後卻沒有把稿子放好，隨意放在房間的一角，臨時有事便出門去了。

這時，正巧有一位女僕進來打掃房間，竟把它當成了廢紙，信手扔進了暖爐裡生火，珍貴的書稿一下子便化成了灰燼。

這該怎麼辦呢？托馬斯並沒有留下副本，彌爾和泰拉夫人急得不知所措，討論過後，他們只好把情況一五一十地告訴托馬斯．卡萊爾，並且請求原諒。

卡萊爾聽到這個消息後，腦袋「嗡」的一聲，半天都說不出話來。可是，面對這個無法挽回的損失，他卻沒有任何怨言，反而在心裡安慰自己：「可憐的托馬斯，你必須面對這個意外的事實。」

爲了紓解內心的焦急和苦惱，卡萊爾努力地克制自己，先是靜靜地坐下來閱讀小說，並且連續讀了好幾個星期。

面對這樣的晴天霹靂，他承受了一切，而且毅然地決心重新開始。他開始將所有的記憶、思想和收集的史料……等等，重新思考並回憶一遍，然後從頭寫起。

不管有多困難，也不管有多麼辛苦，最終他仍然戰勝了一切，完成這部歷史的世界巨著。

義大利作家普拉托里尼曾經提醒我們：「紡錘也會不準，甚至鏡子裡出現的形象也和實體不一致，教皇也會有說錯話的時候。」

既然如此，小人「不小心」犯下讓我們傷心欲絕的錯誤，也是可以理解的事，要怪只能怪自己不長眼睛，太容易信任別人。

單憑身分、地位或外貌面就輕信別人是人性的弱點之一，如果不設法加以克服，結果往往就像卡萊爾的遭遇，甚至蒙受更大的損失。

不過，卡萊爾的遭遇也給了我們正面的惕勵，那就是：「不要太傷心，只要再接再厲，事情永遠都會有補救的機會。」

別爲無法挽回的事情懊惱，你願意能給自己多少浴火重生的機會，你就會有多少成功的機會！

遇到任何困境或難題時，不要只會抱怨、跳腳，既然都知道機會不多了，就別把時間浪費在哭泣上，快擦乾眼淚吧！抓住第一時間進行挽救，到最後，成功仍然會是屬於你的。

努力，要讓別人看得到

想要脫穎而出，除了比別人做得更好之外，還要讓自己更耀眼！埋頭苦幹是行不通的，還得讓大家看得到你的努力才行！

活在這個腦力競賽的社會，想要一鳴驚人，就必須具備一些做人做事應有的心機，別再傻乎乎地混日子。

有點心機並不是件齷齪的事，重點在於如何將心機運用在恰當的時機。

大家都知道要努力才會成功，但卻不是每個人都知道該如何「努力」。

其實，努力並不等於埋頭苦幹，有目的、有方法的「努力」，才是有效達到目標的好辦法。

曾經有一個衣衫襤褸的少年，到摩天大樓的工地，向衣著華麗的承包商請教：「我應該怎麼做，長大後才能跟你一樣有錢？」

承包商看了少年一眼，對他說：「我跟你說一個故事：有三個工人在同一個工地工作，三個人都一樣努力，只不過，其中一個人始終沒有穿工地發的藍制服。最後，第一個工人現在成了工頭，第二個工人已經退休，而第三個沒穿工地制服的工人則成了建築公司的老闆。年輕人，你明白這個故事的意義嗎？」

少年滿臉困惑，聽得一頭霧水，於是承包商繼續指著前面那批正在鷹架上工作的工人對男孩說：「看到那些人了嗎？他們全都是我的工人。但是，那麼多的人，我根本沒辦法記住每一個人的名字，有些人甚至連長相都沒印象。但是，你看他們之中那個穿著紅色襯衫的人，他不但比別人更賣力，而且每天最早上班，也最晚下班，加上他那件紅襯衫，使他在這群工人中顯得特別突出。我現在就要過去找他，升他當監工。年輕人，我就是這樣成功的，我除了賣力工作，表現得比其他人更好之外，我還懂得如何讓別人『看』到我在努力。」

日本心理學家昌平修一在《有效的行動》裡說：「真正有能力的人，工作時總是默不作聲，乾淨俐落地把任務完成，但是，在工作過程，他們不會忘記讓上司看見自己的努力。」

不要以爲只有你一個人在拼命工作，其實每個人都很努力！

因此，如果想要在一群努力的人中脫穎而出，除了比別人做得更好之外，就得靠其他的技巧和方法了。

最好的辦法，就是找出自己與眾不同的特質，將你的努力用在發揮這些特質上，如此一來，即使做的是相同的工作，那麼你也會比別人更耀眼，更有可能獲得成功的機會！

別把場面話當成真心話

自己是怎樣的人，我們自己應該最清楚；就算別人一個勁灌迷湯，我們也絕對有不輕信的智慧與權力。

恭維的特色之一，就是「概無差別，一視同仁」地拍馬屁。

管你長得像林青霞還是像沈殿霞，在恭維者口中，同樣都是「沉魚落雁」、「閉月羞花」。

不管你是不是愚昧昏庸、扶不起的阿斗，在他們口中永遠都是「天縱英才」、「英明果斷的領導者」！

從前，有位太守剛剛走馬上任，一來到縣裡，百姓們一連幾天演戲慶賀，並且有人帶頭呼喊：「全州百姓齊慶賀，災星去了福星來！」

太守一聽，心想，這些縣民把前任太守罵作災星，卻把自己當成福星，這不就表示自己在他們心中評價很高？

想著想著，太守一邊撚鬚微笑，心裡高興極了。

於是他問：「這兩句話說得眞妙，是那位高手想的？」

百姓答道：「這是歷年傳下來的慣例，新太守上任都得這麼喊。等太爺您卸任，新太守上任時，我們還是這麼喊的！」

法國文人列那爾曾經說過：「恭維像輕微的北風一樣令人愉快，但是，它並不能使帆船前進。」

是的，適時的讚美能夠讓我們保持前進的動力，但是過度的諂媚與不負責任的場面話，則會讓人覺得肉麻。

若是對那樣的恭維過於輕信，往往會使我們自滿於現狀而停滯不前，更嚴重者甚至會越來越退步。

英國思想家培根曾說：「謹防鼻子上有瘡卻被恭維為美。」聽不到事實的眞相，其實是一件最可怕的事。在各種場合裡，難免會聽見許多未必由衷的頌詞與高帽，這個時候切記，這類場面話聽聽就算了，若是信以爲眞，那才是大錯特錯。

說到底，自己是怎樣的人，我們自己應該最清楚；就算別人一個勁灌迷湯，我們也絕對有不輕信的智慧與權力，不是嗎？

PART 03

如何擺脫小人的糾纏？

日常生活中，
每個人或多或少都有不能避免的人情壓力和煩人瑣事，
為了擺脫糾纏，不動動腦袋想計謀是不行的。

如何擺脫小人的糾纏？

日常生活中，每個人或多或少都有不能避免的人情壓力和煩人瑣事，為了擺脫糾纏，不動動腦袋想計謀是不行的。

維吾爾族有句諺語說：「有駱駝大的身體，不如有鈕釦大的智慧。」

這句話告訴我們，沒有智慧的蠻力，根本毫無價值可言。

換言之，只要你懂得運用智慧，那麼你將會恍然發現，有時候，看不見的「智力」要比看得見的「武力」更可以發揮料想不到的作用。

有一天，林肯總統因生病住進了醫院，但仍然有不少人爲了求得一官半職，來到他的病床前不停地嘮叨。雖然他們把林肯和醫生都煩得心情很差，但是礙於禮儀，又不便硬將他們轟走。

又有一次，一個令人討厭的傢伙正要坐下來跟總統長談一番時，醫生剛好走了進來。林肯於是伸出雙手問道：「醫生，我手上這些疙瘩是怎麼回事？」

醫生說：「這是假天花吧！不過，也可能是輕度天花。」

林肯又問說：「那麼，我全身都長滿了這些東西，這種病會傳染吧？」

醫生說：「是，傳染性確實很強。」

這時候，坐在一旁的客人，立刻站了起來，大聲說：「哦，總統先生，我只是順道來探望您，希望您早日康復，我有事要先走了。」

「啊，別急著走嘛，先生！」林肯開心地說。

客人趕緊說：「以後有空我會再來拜訪的，以後再來……」一邊說，一邊急忙地往門外跑出去。

等那個人走遠，林肯這才高興地說：「現在，我終於有時間，看看那些客人送的好東西了。」

這是非常有趣的小故事，充分表現了林肯總統做人做事的機智，以及他和幕僚人員之間的默契。

日常生活中，每個人或多或少都有不能避免的人情壓力和煩人瑣事，爲了擺脫糾纏，不動動腦袋想計謀是不行的。

我們時常爲了這些小事而困擾不已，在衡量面子、身份，或怕得罪別人之餘，常常必須按捺著情緒接受對方的疲勞轟炸，然後再找機會發洩或抱怨。

不過，一味隱忍，事情永遠也無法解決，而你永遠也只能抱怨。學學林肯總統應付小人的智慧吧！

動動你的大腦，每一件事都會有解決方法和技巧，只要多動動腦筋，一定會想出兩全其美的好方法。

幽默感能把大事化小

學會以幽默的態度面對事情，大事往往能化作小事，用幽默來解決事情，再尷尬的場面也能變得輕鬆自在。

希爾泰說：「動不動就生氣的人，只會突顯他無法駕馭自己的幼稚。」因爲，一個成熟有智慧的人，並不會動不動就用生氣來解決問題，而是會用機智來代替生氣的幼稚行爲。

人與人之間的互動是相當微妙的，往往左右著一個人的成敗，凡事針鋒相對無疑是最糟糕的處世模式。發生紛爭的時候，如果你想把大事化小、小事化無，不妨試著發揮一些幽默感。

柯立芝總統擔任麻薩諸塞州參議員時，有一次，一位健談的議員發言表示支持某項議案，發言時，在每句話的開頭，他都會重複說一句：「議長先生，話是這麼說的……」

當這位議員報告完後，反對這項議案的柯立芝馬上站起來說：「發言人先生，話不是這麼說的……」

登時全場哄然大笑，而那項議案也因此被否決了。

還有一次，有兩個議員爲了某件事情，爭得面紅耳赤。

其中一位議員咒罵對方「該下地獄」，而挨罵的那位議員則是火冒三丈，拉著柯立芝要幫他主持公道。

只見柯立芝不慌不忙地說：「議員先生，您不必著急，我已經查過法典，您還用不著爲此到地獄走一趟。」

柯立芝說完了這句話，議場緊張的氣氛便緩和下來了。

歐洲有句諺語說：「生氣的時候，去踢石頭，疼的只是自己。」

一個眞正有智慧的人，生氣憤怒的時候，並不會蠢到用自己的腳去踢石頭，而會用幽默的方式表達自己的觀感。

機智幽默可以說是人們在社交場上所穿的最漂亮的服飾，尤其是你出糗或遭到言語攻擊，適時的機智絕對可以化解尷尬或對立的氣氛。

一句幽默的話，勝過長篇大論，如何運用幽默感來化解生活的難題，相信是許多人必須學習的課程。

學會以幽默的態度面對事情，大事往往能化作小事，用幽默來解決事情，再尷尬的場面也能變得輕鬆自在。

心平氣和才是對付小人的法則

> 若能以推理分析來回應，定能讓對手的荒謬論調不攻自破，而且更能得到別人的讚賞與欽佩！

我們都很習慣用憤怒處理事情，用情緒來駁斥別人說我們的不是，殊不知許多時候，因爲過度激昂的情緒，反而容易模糊了事情的焦點，也更加容易讓別人忽略應當知道的事實。

不如學學下面故事中契斯特．朗寧的機智加以還擊吧！

加拿大前外交官契斯特．朗寧是個在中國出生，而父母都是美國人的傳教士。

朗寧出生時，因爲母親無法餵哺，所以便請了一位中國奶媽餵養他。

但是，沒想到在他三十歲競選議員時，這段往事竟被對手做爲攻擊、誹謗的話題。他們批評的理由，正是朗寧曾經喝過中國人的母奶長大，身上一定有中國血統的謬論。

面對對手的惡意攻擊，朗寧也不甘示弱，隨即根據誹謗者的荒謬邏輯，嚴厲地加以駁斥。

他說道：「如果喝什麼奶，就形成什麼血統的話，那麼你們誰沒喝過加拿大的牛奶？難道在你們身上就有了加拿大牛的血統嗎？當然，你們可能既喝過加拿大的人乳，也喝過加拿大的牛奶，那麼在你們身上，不就有加拿大人的血統，又有加拿大牛的血統了嗎？如此推論的話，你們豈不是『人牛血統的混血兒』了。」

日本作家櫻井秀勳曾經這麼說：「不管是什麼形式的批評，最好都要以機智幽默的方式進行。」

如果不懂得用機智幽默的方式化解衝突，那麼生活就是由摩擦和痛苦串連而成，如果能夠用輕鬆幽默的心態面對，那麼人生就會精采豐富。

在任何荒謬的論點，都有可能被編造出來的人際社會裡，要攻破這些謬論，除了要有冷靜理智的思考方式，更要有攻破敵手論點的機智。

若能以推理分析來回應，定能讓對手的荒謬論調不攻自破，而且更能得到別人的讚賞與欽佩！

適可而止，才是正確的溝通方式

不要強人所難，並且抱著將心比心的包容和尊重，那麼誤會與衝突，也都不會發生了。

羅馬思想家西塞羅曾經寫道：「幽默會給人帶來歡樂，而且，常常可以產生巨大的作用。」

的確，幽默不僅能令人開懷，而且還常有潤滑的妙用，可以讓你跟別人交際的過程中增添光彩。

羅斯福總統在擔任紐約州長期間，喜歡在酒宴時喝些調酒，還特別喜歡勸身邊的人多喝酒，每當他看到別人的杯子空了，就會馬上說：「再來一杯吧！」

在一次宴會上，他熱情地爲最高法院的法官塞姆．羅斯曼加滿了第二杯酒。但是，羅斯曼並不會喝酒，喝完第一杯雞尾酒，就已經有點不大舒服了，因此趁其他人不注意的時候，把這第二杯酒偷偷地倒進角落的花盆裡去了。

不久，又有一場雞尾酒會，酒會中羅斯福故意對羅斯曼說：「塞姆，你知道嗎？行政大廈裡的花發生了怪現象，前幾天，有一棵盆栽的葉子開始變色，他們請來農業部的專家，把花和土壤都帶回去研究，檢驗出來之後，你猜他們發現什麼？他們發現土壤裡含有很高的酒精成份。問題是，這些土壤是從什麼地方挖來的呢？」

這時在場的人都笑了起來，羅斯曼也不好意思地笑著承認，是自己偷偷將酒倒入了那個花盆中。

接著，他對羅斯福說：「州長，如果你不想讓你的花全都遭殃，最好饒了我，別再給我第二杯酒。」

從此，羅斯福再也不勉強羅斯曼喝第二杯酒了。

做事的時候必須用對方法，才能讓效果達到最大。如果你在人際互動上遇到瓶頸，那麼，就必須保持冷靜的心情，才能想出最佳的溝通方式。

保持輕鬆而冷靜的心情是突破人際困境的最高智慧，可以讓自己頭腦清醒，不至於進退失據、患得患失。

沒有責難和爭辯，羅斯福總統與羅斯曼的互動裡，有著他們獨特的溝通方法，充滿著難得的風趣和幽默。

我們很容易強人所難，也很習慣用情緒來解決事情，其實，與人溝通的正確方式是，凡事適可而止。

不要強人所難，儘量找出問題的原因，並且抱著將心比心的包容和尊重，那麼誤會與衝突，也都不會發生了。

贏回自己應有的尊嚴

人與人相處之道，貴在誠心敬意，懂得如何互相尊重，你才有可能得到別人的敬重。

做事的時候必須用對方法，才能讓效果達到最大。如果你在事業、工作或生活上遇到瓶頸，那麼就必須冷靜想出解決的辦法。

冷靜是突破困境的最高智慧，可以讓自己頭腦清醒，不至於進退失據、患得患失；看看以下這個眞實故事，或許對你有所幫助。

儘管羅斯福總統很了解英國人，也很喜歡與英國人爲友，但是，他仍然受不了

英國官員所流露出來的傲慢態度。

有一天，財政部長亨利．摩根索，拿了一封英國財政大臣的信給羅斯福看，他卻發現，對方在信封上沒有加上任何官銜的稱呼，而且很不禮貌地直呼部長之名：「亨利．摩根索先生」。

摩根索沒有留意到這一點，他只注意到信裡的內容，但羅斯福卻一眼就看到了，也看出了英國人顯露出來的傲慢。

當摩根索另外拿出一封他準備回覆的信件時，羅斯福看了看說：「這封信的內容，寫得不錯，但你犯了一個錯誤。」

摩根索慌張地問：「犯了什麼錯誤？」

羅斯福說：「在稱呼上，你應該直呼他的姓名，這樣才能與那封信的稱呼一致，所以，你千萬不要在稱謂上再加任何官銜。」

羅斯福這招果然厲害，英國財政大臣的第二封來信中，就規規矩矩地加上了美國財政部長的官銜。

羅斯福以其人之道，還治其人之身，給了傲慢的英國大臣一個教訓，也爲自己贏回應有的尊嚴和敬重。

人與人相處之道，貴在誠心敬意、互敬互讓，懂得如何互相尊重，你才有可能得到別人的敬重。

雖然只是一個小小的官銜稱謂，但在細微處應當表現出來的禮儀，卻比面對面的尊重更重要。

這是我們平時必須留意，也是許多人容易忽略的小細節，而且，往往因爲這個小疏忽，而讓我們莫名地得罪別人，或是失去大好機會。

「殺雞儆猴」是對付小偷的最好方法

真正的成功者從來都不會錯過生活中的細微處，積極是他們的處世態度，創意是他們的生活方式，靈活是他們的思考技巧。

在這個講究策略的年代，心機儼然成了最重要的競爭力。有點心機其實不算卑鄙，它只不過是爲了保護自己，同時讓自己更順利達成目的。

面對棘手的事情與難纏的人物，只要我們願意積極鍛鍊自己的心智，保持冷靜而沉穩的態度，就能快速找到解決的方法。

所謂「戲法人人會變，巧妙各有不同」，想決戰商場的人，除了要有獨到的銳利眼光之外，更要有靈活的創意巧思，才能發現新商機。

某個小週末，位於多倫多市區的一間百貨公司內人潮十分擁擠，每個櫃台都擠滿了人。

這時，男裝部的櫃台前忽然發生騷動，只見兩名警衛用力地壓著一名盜賊，而那個盜賊則使力地掙扎著，並大聲地喊叫著：「我不是小偷！」

警衛不理會他的叫喊聲，圍觀的群眾們還來不及了解發生了什麼事，「小偷」便被警衛們一路拖回到辦公室裡。

然而當房門關上後，警衛卻立即將小偷放開，接著還拍了拍他的肩膀說：「好了，半個小時後，我們再在文具部的櫃台前表演一次。」

你是否也看得一頭霧水呢？

其實，這是一齣假的「警察捉小偷」戲碼，那是專門演給顧客們看的，而這名小偷還是從一間「租賊公司」訓練出來的演員呢！

只是，爲什麼會有租賊公司呢？這間公司的老闆又是怎麼樣一個人呢？

據說，這間租賊公司的老闆名叫寇亨，是個智慧超群而且精明過人的商人。

曾經有人問他，爲什麼要開這樣奇怪的公司時，他笑著回答：「這個世界原本就什麼都有了，而且到處也都是些千奇百怪的經營方式或目標，我這也沒什麼奇怪的。當初我是這麼想，百貨公司等人潮多的地方，扒手一向很多，即使再多的保全人員或管理人員，還是無法防範。」

「所以，我就想出了一個點子，如果可以讓警衛當場抓到小偷，一定能達到殺雞儆猴的效果。只要讓眞的小偷看見有人被抓了，那麼他們心中一定會產生恐懼，自然而然也會削弱他們偷竊的念頭。雖然假小偷變多了，但事實上眞小偷卻在不知不覺中慢慢減少了。」

朋友們一聽，無不拍手稱妙！

寇亨的公司開張後，業績便不斷地創新高，事實證明，殺雞儆猴的效果十分顯著，果眞讓竊盜率降低了不少。

看著寇亨發現的商機，可說是一舉數得。

因爲在降低百貨公司失竊率的同時，他不僅爲自己賺進了不少財富，還爲演員們創造了另一片表演天空。

雖然成功和失敗往往只有一步之差，但在跨出步伐前，我們要給自己一個正確的態度：「努力累積你的生活腳步，如果你不想永遠晚人家一步，更不希望計劃一直停滯，積極培養銳利的眼光是當務之急，培養靈活的思考則是我們當下第一要務。」

想對付壞人，甚至把他們變成貴人，就得發揮各種巧思。眞正的成功者從來都不會錯過生活中的細微處，更不會讓自己的思路停滯。

因爲，積極是他們的處世態度，創意是他們的生活方式，靈活是他們的思考技巧，因此他們能發現別人從未發現的機會，達到別人無法達到的目標。

藉機說出「言外之意」

懂得藉機說出「言外之意，弦外之音」，正是我們在社交時，非常需要學習的風範和技巧。

古希臘哲學家亞里斯多德曾說：「要說發脾氣，誰都會，這並不困難，難的是當你發脾氣的時候，懂得如何掌握分寸，懂得採取適當的方式，最重要的是懂得用機智來代替憤怒。」

的確，一個只爲生氣而生氣的人在盛怒之下，嘴裡的那條舌頭就像一匹脫韁的瘋馬，而一個眞正有智慧的人，在盛怒之下，則會用自己的機智去駕馭那條可能變成瘋馬的舌頭。

某次午宴上，有位女士與柯立芝總統十分器重的大使，爲了一件小事展開了一場唇槍舌劍的言詞交鋒。

這個女士越說越氣憤，爲了壓倒對方，便故意貶低對方，說他粗野而無知，正巧這時有一隻大黑貓懶洋洋地來到餐桌旁，靠著桌腿蹭起癢來了。

柯立芝總統這時巧妙地轉過身，對身邊的人說：「唉，這隻貓已經是第三次來這裡搗亂了。」

總統故意把這句話說得很大聲，正是爲了讓那位「兇悍」的女士聽見。只見她馬上安靜了下來，之後就再也沒有聽到她的聒噪聲了。

一向彬彬有禮的柯立芝總統，會在這樣的社交場合中，突然大聲指責一隻貓，「指桑罵槐」的用意，在場人員自然都心照不宣。

這正是我們所謂的「話中有話」、「罵人不帶髒字」，能夠巧妙地對這個女士的無聊爭執做出抗議，卻又不會因爲直接出言制止而影響宴會的氣氛，可說是一舉數得，方法絕妙。

這樣的機智，是許多人際關係良好的成功人士常發揮的，當別人正吵得不可開交時，他們往往會天外飛來一筆，而且效果非凡，避免了直指對方不是的尷尬，又能讓對方充滿了解其中的含義。

懂得藉機說出「言外之意，弦外之音」，正是我們在社交時，非常需要學習的風範和技巧。

自大傲慢，看起來只會像個傻蛋

看得見他人缺點的人，未必能看見自己的不足。而看不見自己不足的人，其實是最不幸的。

有句話是這樣說的：「當你把食指指向他人的時候，別忘了還有三隻手指指著自己。」

自大傲慢只會讓自己像傻蛋，仔細想想，假設別人要求我們的事，對方自己卻做不到，那麼我們一定也會覺得心有不甘、有所不服的吧。

故事發生在某校動物系期末考試會場。

老教授提著一個用黑布罩著的鳥籠，只露出兩條鳥腿。原來，考試題目是：試由觀察到的鳥腿，寫下鳥的種類。

某學生心裡感到十分不滿，因爲自己爲了考試已經辛苦準備數週，結果教授卻出這種怪招，先前的準備一點都派不上用場。

一氣之下，學生拍桌而起，提前交了白卷，連姓名學號都懶得寫！

教授看了他的試卷非常生氣，當著全班的面要學生留下姓名來。只見學生什麼都沒說，只是拉起自己的褲管，露出一雙毛毛腿，氣沖沖地對老教授說：「你猜我是誰！」

只要是人，難免都有盲點，尤其是要做到嚴格審視自己、要求自己，更是不容易的事。

許多人勤於指責他人，卻不懂得以相同的標準要求自己，恰好就是拿著食指指向別人，卻忘了還有三根手指指著自己的人。

看得見他人缺點的人，未必能看見自己的不足。看不見自己不足的人，其實是最不幸的。

因爲對自己的缺點一無所覺，所以往往自滿，卻不知道在旁人眼中，自己已經成了只會說、不會做的傲慢自大狂。

清代文士張潮曾說：「律己，宜帶秋風；處世，宜帶春風。」

我們雖然未必能做到樣樣完美，但還是必須時常自省、自律，並提醒自己以虛心的態度謙和待人，這樣才是待人處世的最佳方式。

真誠待人，才能贏得人心

只要能用心處事、真誠待人，就一定能贏得人心，成功地贏得對方的尊敬和信任。

通常我們都認爲自己很了解自己，也頗能洞穿別人，但實際上，我們經常誤解自己，對於別人的認知也僅止於皮毛。正因爲如此，必須與別人互動之時更加用心，才能贏得眞心。

愈是睿智的人，愈有寬容的胸襟，一個寬宏大量的人，愛心往往多於怨恨，樂觀、忍讓的圓融個性，讓他成爲一個眞正聰明有智慧的人。

美國經濟蕭條期間，美國官方委派哈里．霍普金斯，負責聯邦政府的救急署，而里德．伊克斯，則負責聯邦政府的公共工程管理局。

但是，爲了職責分工的問題，霍普金斯和伊克斯一開始就發生了衝突。有一次，伊克斯向羅斯福抱怨，霍普金斯的動作太過緩慢，使他無法順利工作。不過，羅斯福卻要求伊克斯不要再耍脾氣了。

「我當時毫不客氣地頂了回去，」伊克斯在日記中回憶說：「那晚我說了許多話，因爲是羅斯福總統，所以我才能如此發言，如果換成現在的其他總統，我恐怕就沒這麼大膽了。」

不久，羅斯福在全體內閣會議上，當衆告誡伊克斯，千萬不要再講霍普金斯和救急署的壞話。

「很明顯的，總統是有意要當著全體內閣成員的面，狠狠地教訓我一下。」伊克斯悲嘆地說。

在內閣會議以後，伊克斯想單獨見見羅斯福，但是卻被勞工部長搶先一步，還把總統這次行程裡，預留溝通的時間都用光了。伊克斯怒氣沖沖地回到自己的辦公室，坐下來打了一份辭職信給羅斯福總統。

第二天中午，當伊克斯前去面見羅斯福總統時，總統用責備的眼神望著他，並給了他一個手寫的備忘錄。

「親愛的哈羅德……」在友好的稱呼之後，總統寫下了不同意他辭職的理由：「我對你充滿信心，爲完成公共事業的巨大任務，國家非你不可，你的辭職我絕不接受。你親愛的朋友，富蘭克林．羅斯福。」

接到這樣的備忘錄，伊克斯的火氣完全消了，他說：「能遇到待人眞誠而且值得信任的總統，實在沒有話可說！所以，我當然願意留下來了。」

二十世紀最偉大的科學家愛因斯坦曾說：「寬容意味著尊重別人的無論哪種可能存在的信念。」

很多人喜歡爭強鬥勝，爲了炫耀自己比別人強那麼一點點，總是搶著出鋒頭，一旦被別人比下去，就鬧彆扭、生悶氣。

其實，社會是個大染缸，人生是個修練場，人應該變得更圓融、更成熟、更幹練，不斷地調整自己面對人生的態度，何苦老是爲了生活中的芝麻細事跟別人過意不去，跟別人糾纏不休呢？

羅斯福之所以會當衆責難伊克斯，其實只是要磨礪他的性情而已，因爲他知道伊克斯的爲人，也知道他的個性直率，更明白伊克斯是個難得的人才，所以他運用了「知才惜才」的用人智慧，成功地贏得對方的尊敬和信任。

真心誠意就能改變別人的心意

只要你能腳踏實地的付出，只要能用真心誠意的態度來實踐，再難攻破的堅石，也都一定能滴水穿石。

俄國文豪高爾基曾經寫道：「真誠的關心，讓人心裡那股高興勁兒就跟清晨的小鳥迎著春天的朝陽一樣。」

出自眞心的幫助，不僅能藉善意的動作潤滑自己的人際關係，也會讓自己的心靈世界豐富起來。

日本著名的政治家三木武吉，是一個非常具有雄心的人，二次世界大戰後，他不僅建立保守政黨，還組成了鳩山內閣。

在經濟上，三木武吉也十分地自信，甚至誇口將以三木公司，與日本財經巨頭三井、三菱鼎足而立。

但是，他卻徒有抱負，而缺乏經商的頭腦，不久，三木公司就因為屢遭詐騙，而負債累累了。

在進退兩難的時候，三木武吉狗急跳牆，不得不耍起手段欺騙別人，試圖以此挽回敗局。

不過他的騙局，很快就被對方識破了，而受騙的松太郎，一氣之下決定向法院提起告訴。但是，身為政治家的三木武吉，如果被法院以詐欺罪起訴，不但會毀掉他苦心經營的政治前途，也會因為坐牢而使自己的人生蒙上無法抹滅的污點。就在三木走投無路的時候，有位一直默默關心他的女人救了他。她暗中拜訪松太郎，希望他能網開一面，又以其女性特有的柔軟力量，希望他諒解三木的苦衷，請求松太郎能給三木一條生路。

但是，由於松太郎受害很深，無論如何也不願退讓，所以這個女人想盡方法，也無法打動松太郎的心。

突然，這位女子當著松太郎的面，拿起剪刀，剪下了自己的一頭秀髮，這個舉動終於打動了松太郎，同意撤回訴訟。

故事裡的三木武吉可說非常幸運，靠著那位女子相助，終於避免了一場牢獄災難。這個女子是三木武吉的貴人，她以誠意和犧牲來感動松太郎的精神，著實讓人感動，與三木武吉的不踏實，試圖以欺騙別人解救自己的行爲，更是形成了強烈對比。

這個故事給我們的啓示，只要你能腳踏實地的付出，只要能用眞心誠意的態度來實踐，再難攻破的堅石，也都一定能滴水穿石。

天底下沒有融化不了的冰山，世界上也沒有絕對不能和睦相處人，只要懂得設身處地爲對方著想，眞心誠意地對待他們，就一定能換來正面的回報。

PART 04

用另類的方式
改變對方的態度

溝通，並不是一味強迫對方接受自己的想法，
也不是一味屈躬卑膝試圖改變
對方自以為是的態度，
而是以恰當的方式找出彼此的折衷點。

廣交朋友不如減少敵人

如果你交了許多朋友，同時也製造了許多敵人，那麼建議你，把交朋友的心思，分一些在如何避免與人為敵的思考上吧！

中國有句諺語說：「路不要走絕，話不要說死。」的確，在社會上行走，多給自己留轉圜的空間，千萬動輒樹立敵人。萬一遇到一時難以解決的問題或是糾紛，不妨平心靜氣地化解。只有建立和諧的人際關係，才能厚植自己的實力。

一七五四年，喬治．華盛頓上校率領著部屬駐防在亞歷山大市。此時，正值維吉尼亞州進行議員選舉，華盛頓也投入選舉活動，支持某位候選人。

但是，當地有個名叫威廉·培恩的意見領袖，卻非常不以爲然，極力反對華盛頓支持這位候選人。

有一次，華盛頓就選舉問題，與培恩展開了一場激烈的爭論，激辯中竟出現了一些極不入耳的髒話，培恩聽了火冒三丈，一拳揮過去便把華盛頓擊倒在地。

正當聞訊趕來的士兵，氣憤地要爲長官報仇時，華盛頓卻阻止他們，並命令他們安靜地回營地去。

翌日，華盛頓託人帶口信給培恩，邀請他到當地的一家酒店會面。

培恩緊張地來到酒店，猜想這個約會不懷好意，恐怕會是一場惡鬥。但出乎意料之外的，迎接他的卻是一雙友善的手。

一進門，華盛頓就立刻站起來，笑容可掬地張開雙手歡迎他，並誠摯地說：「培恩先生，每個人都免不了犯錯，肯誠心認錯的人，才是眞正的英雄。昨天確實是我不對，你也已經採取行動挽回面子，如果你覺得那樣已經足夠了，現在請握住我的手，讓我們來做個朋友吧！」

這場風波就這樣平息了，而華盛頓從此也多了一個擁護者，那個人就是威廉．培恩。

阿拉伯有句諺語說：「越是面對對不起你的人，越是要寬大為懷。」

「多交一個朋友，不如少一個敵人」，一定有人覺得這句話很矛盾，但是，這卻是爲人處世的精闢之言。

如果你交了許多朋友，同時也製造了許多敵人，那麼建議你，把交朋友的心思，分一些在如何避免與人爲敵的思考上吧！

只要少了個敵人，就等於多一個朋友，畢竟，想化解彼此之間的仇恨，需要足夠的耐心和誠意。

一如華盛頓的處理方法，如果你以爲他只是多了一個擁護者，那你就錯了，因爲他所贏得的榮耀與崇拜，絕對在你我想像之外。

誇大其詞可以使小人原形畢露

想引蛇出洞，有時得「危言聳聽」，攻破人性的弱點。只要你肯花心思，活用一些技巧，就不會因為受制於這些小人而大傷腦筋。

法國文豪雨果在《鐵面人》中，曾經譏諷地寫道：「天底下最可憐的笨蛋，是那些從來不懷疑別人可能言行不一，而對別人所說的話一味地信以為真的人。」

實話實說固然是一種美德，但是，當你急於摸清一個人的眞實樣貌，或是一件事情的眞相，單刀直入不一定有效。

這時，你就必須懂得「誇大其詞」。

法國的寓言故事作家兼詩人拉封丹，非常喜歡吃馬鈴薯。

有一天，僕人為他端來了一個剛出爐的馬鈴薯，拉封丹卻嫌馬鈴薯太燙，於是把它先放在飯廳的壁爐上待涼，便起身去辦別的事情了。

可是，等拉封丹回來時，馬鈴薯卻不見了，他想起僕人好像曾經去過飯廳，便猜想，一定是僕人把它給吃了。

於是，他大聲地呼喊：「喔！我的天！是誰吃了我的馬鈴薯？」

「不是我。」那個僕人回答說。

「那我就放心了。」拉封丹裝出一副放心的模樣，鬆了一口氣。

「為什麼這麼說？」僕人不解地問。

「因為，我剛在馬鈴薯上加了毒藥啊！」

「不是真的吧？我的天！你在上頭加了毒藥……那我不就中毒了！」僕人聽到後十分地驚慌。

拉封丹知道偷吃的人是誰了之後，便笑著說：「放心吧！我騙你的啦！不這麼講，我怎麼有辦法知道事情的真相呢？」

深諳心理作戰的人，總是能夠適時運用謀略，抓住人性的弱點發動攻勢，因此，不用大費周章就能輕而易舉地取勝。

人爲了掩飾自己的錯誤，或是基於保護自己的心理，常常不由自主的編造一些謊言掩飾眞相，這時就得「引蛇出洞」。

想引蛇出洞，有時得「危言聳聽」，攻破人性的弱點，這是寓言詩人拉封丹對付狡詐小人的絕妙技巧。

日常生活也是如此，對於那些貌似忠厚的小人，有時候只要略施小技，也能使他們原形畢露。

甚至一個轉念和方法的改變，都能讓事情的另一個面貌眞實呈現，只要你肯花心思，活用一些技巧，就不會因爲受制於這些小人而大傷腦筋。

情緒會洩露一個人的底細

在這個偽詐多變的社會中，你不僅要學會控制自己的情緒，也要看得懂別人的情緒和脾氣。

作家米爾頓曾經說：「人和天使都不善於識別偽善，因為，偽善是包裝精美的罪惡，有時候，連上帝也會上它的當。」

然而，不論如何偽裝，情緒還是會洩漏一個人的底細。

有的人喜歡妝點自己，平日一副道貌岸然的模樣，說起話來頭頭是道，儼然是博學多聞的紳士。但是，這樣的人只要一被激怒，就會自動現形，讓別人看清他們原來的德性。

日本某家電視台，找了一百位議員來上節目，節目中由主持人發問，然後再聽取這些議員的意見。

由於節目是現場直播，而且每位議員都被分隔開來，因此並不會看到彼此回答的情況。不久，主持人開始提出詢問，每一個問題都非常嚴苛，並且直涉核心。剛開始時，這些議員們都回應得不錯，但是，在主持人猛烈且毫不客氣的質問下，慢慢地有些人開始回答得亂七八糟。

這讓許多人，甚至是主持人，都對他們產生了藐視的心態。接著，主持更提出了一個敏感的問題，這時有個議員發怒了，生氣地對主持人說：「別開玩笑了，我不會再回答你的任何問題。」

說完後，這個議員便氣憤地離開了，不過攝影機仍一路跟拍，還將他離開會場的情況也拍攝下來。

其實，這個節目早已設計好了陷阱，目的就是要讓對方陷入圈套。

因爲，議員們平時在議會或記者會上，只會說些冠冕堂皇而公式化的見解，很難聽到他們的眞心話，所以，爲了讓議員們能說出心裡眞正想說的話，節目的製作團隊想出了許多點子和問題，更企圖以刻薄的問題，來引爆他們的脾氣。

這個方法也眞的奏效了，這群在議會上對答如流的議員，不只說出了平日所不會回答的問題，也眞實地表現出他們的脾氣和做事的態度。

法國哲學家尚福爾曾經說過：「在重大事件中，人們所展現的是自己最完美的一面，只有在瑣事中，他們才會暴露出本來的面貌。」

修養不夠或是能力不夠的人，其實一探便知，他們只要被別人激怒，就會原形畢露，而且往往不知道如何控制自己的情緒，是非常容易攻破心防的對手。

做人要聰明，做事要精明，在這個僞詐多變的社會中，你不僅要學會控制自己的情緒，也要看得懂別人的情緒和脾氣；能夠知己知彼，你才不會受制於人，反而能將對手操控於手掌之中。

用另類的方式改變對方的態度

溝通，並不是一味強迫對方接受自己的想法，也不是一味屈躬卑膝試圖改變對方自以為是的態度，而是以恰當的方式找出彼此的折衷點。

勵志大師麥斯威爾曾經寫道：「當你面對困境，不能逃避或繞開它們，而是必須面對它，同它打交道。」

這番話用在人際關係上，有時也會產生意想不到的效果。面對那些自以爲是、自恃甚高的人，一味表現出謙遜的態度，只會使自己一再受到羞辱。當你忍無可忍的時候，不妨和對方進行一場「另類的溝通」，如此才能改變對方的態度。

羅斯福在四十二歲時就當上了總統，而且是美國歷史上最年輕的總統。

由於他是第三十二任總統富蘭克林．羅斯福的堂叔，所以人們通常尊稱他為「老羅斯福總統」。

老羅斯福在他二十三歲時，就意氣風發地當上了紐約州議會的議員，當時有許多人都鄙夷地認為他是個不學無術的貴公子，只不過是靠著身家背景才冒出頭。

某天傍晚，他散步來到一家酒吧，正準備喝杯啤酒時，正巧看見一個名叫約翰．科斯特洛的資深議員，正和他的兩個老朋友喝酒。

當科斯特洛看見老羅斯福走進酒吧，便譏笑他說：「喂！乳臭未乾的小鬼，你沒得感冒吧？」

但是，羅斯福並不理會他的嘲弄，於是科斯特洛繼續高聲叫道：「你這個該死的貴公子！」

羅斯福聽到這句話後，便把眼鏡拿了下來，慢慢地走到科斯特格的面前，二話不說，一拳就把科斯特洛打倒在地，就在眾人訝異之際，羅斯福接著又是一拳，把科斯特洛的朋友也打倒在地。

另一個人看到這個情況後，只好馬上拔腿就逃。這時，羅斯福轉身對站起身子的科斯特洛說：「你去洗把臉吧！洗完後再和我一起喝酒。」

科斯特洛只好乖乖地照辦，羅斯福在離開前對他說了一句話：「聽好，你在有身份的人面前，也要表現得像個有身份的人！」

所謂的溝通，並不是一味強迫對方接受自己的想法，也不是一味屈躬卑膝試圖改變對方自以爲是的態度，而是以恰當的方式找出彼此的折衷點，如此才不會被人看扁了。

也許羅斯福動手打人，不免讓人覺得沒有風度，也讓人感到吃驚，但是，之後的說理，卻表現出他思考的條理和有勇有謀的智慧。因爲，他打人並不是一時年少氣盛的反撲，而是一種爲自己爭取尊重的溝通方式。

在這個欺善怕惡的社會中，往往這樣迅速果斷的行動表現，才能爲自己爭取到應有的肯定與尊重。

沉住脾氣，才能輕鬆解決問題

沉住脾氣，把問題反覆思考後，再一針見血地指出來，有建設性的提出意見，你才能真正的把問題輕鬆解決。

「裝腔作勢」並非是投機取的小人才會耍的心機，有時候你我耳熟能詳的成功人士，也都曾經在關鍵時刻做出這種舉動。

「裝腔作勢」並不一定是件壞事，有時候它只是一種情緒的偽裝，幫助自己沉住脾氣，冷靜解決問題。

伊利諾州參議員梅迪爾．麥考密克的夫人相當活躍、難纏，經常代夫出征，四處進行遊說。她曾經動員芝加哥的波蘭人，到總統府去訪問，目的是讓聯邦政府對一名波蘭裔的芝加哥人，能獲得公正的司法判決。

當團員被帶進總統辦公室時，柯立芝總統仍十分嚴肅地坐在椅子上，很專注地看著一條地毯。

過了很久，柯立芝總統才抬起頭說：「這地毯真不錯！」

這群來造訪的人都禁不住笑了，他們帶著驚奇，附和地點點頭。這時，柯立芝總統又說：「這是一條新的地毯，花了不少錢呢！」

這時的辦公室，沉重的氣氛已經解除了，於是，柯立芝總統說道：「這條新的比那條舊的耐用，你們放心好了，我會幫你們找個好法官的。」

原本一場充滿火藥味的拜會行程，就在輕鬆的氣氛中結束了。

總統接待施壓團體，原來是件很嚴肅的政治活動，沒有處理好，肯定會形成僵局。但柯立芝總統卻能把氣氛變得十分輕鬆自然，使嚴肅的代表團員反而放鬆了心情，在這樣的氣氛下慢慢地引入正題，並把意見說了出來，問題也在輕鬆的氣氛中解決了。

身爲一個政治人物，任何的動作或發言，都有著一定的影響力，柯立芝總統引入正題的方法，其實並沒有什麼技巧，只是，他比別人更加細心地緩和彼此的情緒而已。不願造成爭論，也不願看見群衆的情緒激動，所以在他生活化的開場白中，同時也正在思考如何給施壓團體一個滿意的答覆。

這也正是許多人無法解決事情的關鍵！一有事情發生，多數人只知急躁地辯駁或爭論，而不會先靜下思考解決之道。

其實，冷靜地想一想，我們是不是常常只顧著抱怨，而忘了徹底的反省呢？結果事情又處理得如何呢？

想解決問題，先學一學柯立芝總統的智慧吧！沉住脾氣，把問題反覆思考後，再一針見血地指出來，有建設性地提出意見，你才能眞正的把問題輕鬆解決。

不要活在自以為是的框框

勝海舟曾說：「乘勢而起、虛名滿天的人，一旦時過境遷便不值一提。」一時的春風得意，又有什麼好驕傲的呢？

莎士比亞曾經寫道：「聰明人變成了癡愚，是一條最容易上鉤的游魚，因為他憑恃才高學廣，看不見自己的狂妄。」

眞正聰明的人必然懂得尊重別人，因爲他們十分清楚，要是不尊重別人感受與立場，不管擁有如何高深的學識，最終只會引起別人討厭與嫌惡。

三人行必有我師，學歷高的人不一定比學歷低的人能力好，也不是年紀大的人，就一定比年紀輕的人更聰明能幹，更有辨別能力。人應該要有相互學習的雅量，而不是侷限在自以爲是的小框框裡。

英國戲劇家蕭伯納在造訪蘇聯時，曾遇到一位很可愛的小女孩，蕭伯納非常喜歡這個小女孩，還和她玩了許久。

臨別時，蕭伯納對小女孩說：「回去後記得告訴妳媽咪，就說今天你和世界上很有名氣的蕭伯納玩了一天！」

說完，蕭伯納心裡得意地想，當小女孩知道自己是和一位名人玩耍之時，一定會驚喜萬分。

「您就是蕭伯納伯伯？」

「怎麼，難道我不像嗎？」

「是啊，可是我不懂，爲什麼要告訴媽媽呢？那麼，請您回去之後，也記得要告訴您的媽媽，就說今天有一位蘇聯的小女孩和你玩耍喔！」

蕭伯納聽了，驚訝得說不出話來，也立刻意識到自己太自以爲是了。

蕭伯納深有所感地說：「不論你有多大的成就，都絕不能驕傲、自誇，因為每個人都應該平等相待，更要懂得謙虛和自重。那天，小女孩為我上了一堂寶貴的課程，所以她也是我的老師，一輩子我都不會忘！」

人一旦有了些微成就、地位、名氣，往往就會驕傲、自大、自以爲是，而且言行中流露出「小人得志」的惡習。

日本明治維新的元勳勝海舟曾說：「乘勢而起、虛名滿天的人，一旦時過境遷便不值一提。」

一時的春風得意，又有什麼好驕傲的呢？

沒有一個人的生活會和你完全一樣，因爲彼此存在著差異，所以在思想、態度、和處事方法中，也都會有所不同。

如果能交換彼此不同的學習心得，不侷限自己，讓生活處處都有學習的機會，那麼你才不會囚在自己的世界裡，找不到自己的天空。

適時退讓可以抑制對方的鋒芒

以自嘲的方式，讓自己從尷尬中站起來，或是以卑微的態度，減少對手的敵意，這些都是「以退為進」最常用的成功方法。

作家愛默生曾經寫道：「社交場上的交際高手，通常不會直截了當說出反駁別人的字眼，而是含蓄地表達其意思。」

當眾受到別人羞辱是件非常難堪的事，但是，就算你氣得七竅生煙，也不一定能擊退對方。

這時，不妨以不同的方式解決，不用聲調高亢地加以辯駁，也不用尖酸刻薄地反唇相譏，而是適時利用退讓使自己前進，以包容的讚賞讓對手失去鋒芒，使對方不戰而敗，知難而退。

大文豪蕭伯納的新作《武裝與人》，首次公演便獲得了熱烈的回響。當觀眾在劇終要求蕭伯納上台，接受大家的祝賀時，卻突然聽見一個人對著他大喊：「蕭伯納，你的劇本糟透了，誰要看？回去吧！停演吧！」所有觀眾都大吃一驚，許多人猜想，蕭伯納這時肯定會氣得渾身發抖，或許也會有所反駁。

但是，蕭伯納非但沒有生氣，還笑容滿面地朝向那個人，深深地一鞠躬，非常有禮貌地說：「我的朋友，你說得很好，我完全同意你的意見。但遺憾的是，我們只有兩個人，實在很難抵抗這麼多的觀眾吧？就算我和你意見相同，也無法禁止這場表演，不是嗎？」

蕭伯納說完這幾句話後，立即引來了全場如雷的掌聲；至於那位故意挑釁的傢伙，就在觀眾的掌聲中，偷偷地溜走了。

失意與挫折是每個人都沒有辦法逃避的人生考驗，如何用幽默樂觀的心態面對，無疑是相當重要的。

當現實環境不如自己預期，不妨發揮幽默感，許多苦惱都會雲淡風輕。

以退爲進，是待人處事的高超技巧。

有時候，我們會看見別人以自嘲的方式，讓自己從尷尬中站起來，或是反其道而行，以卑微的態度，減少對手的敵意，並讓自己有機會再次伸展，這些都是「以退爲進」最常用的成功方法。

「以退爲進」的道理很簡單，方法也很容易，只要你肯適退讓一步，你就能換得前進一步的機會。

惡言相向，不如運用反諷的力量

與其惡言相向，不如運用幽默來反諷，反而更能直指人心，讓對方得到啟發和教訓。

美國作家雷普利爾曾經這麼說：「幽默能帶來悟力和寬容，冷嘲則帶來深刻卻不友善的理解。」

大家都明白，日常生活中應該儘量用幽默來化解人際之間的摩擦，不過，幽默其實只適用於某些有涵養的人，至於那些高傲自大的小人，恐怕只配接受別人的冷嘲熱諷。

有一次，生物學家格瓦列夫在講課時，有個學生突然在台下學雞叫，並且引來了全班同學的大笑。

這時，格瓦列夫鎮定地看了看掛錶，說：「咦，是我的錶壞了吧！沒想到現在是凌晨時分哩！不過，無論如何，我很確信一件事，公雞報曉是一種低能動物的本能。」

格瓦列夫的這幾句話，當場讓這個惡作劇的學生無地自容。

據說，俄國詩人普希金年輕時，曾在彼得堡參加一個公爵的家庭舞會。

當他邀請一位小姐一起跳舞時，這位小姐卻極其傲慢地說：「我才不和小孩子跳舞呢！」

普希金雖然遭到莫名的奚落，但他並未發怒，反而笑著說：「對不起！親愛的小姐，我不知道您肚子裡懷了孩子。」

普希金說完之後便離開了，只留下那位紅了臉的小姐愣在當場，無言以對。

人只要具備從容處世的能力，就能輕鬆面對窘境，像格瓦列夫和普希金一樣戰勝身邊那些討厭的傢伙。

生活中的任何窘迫情況，我們都有可能碰到，不管是令人尷尬還是令人生氣的情況，與其惡言相向，不如運用幽默來反諷，反而更能直指人心，讓對方得到啓發和教訓。

不管事情發生得合理與否，我們都要學會巧妙地化解。

也許用個小技巧，也許用我們學來的知識與智慧，巧妙地加以回敬，有時候反而更能達到自己的目的。

搞不清楚狀況，最好少講話

想一想：你對這件事、這個人夠了解嗎？如果答案並不肯定，那麼建議你還是先閉上嘴，留一點思考的空間給自己吧！

《戰國策》裡有句話這麼說：「弗知而言為不智，知而不言為不忠。」

的確，什麼也不知道就亂發言，或是只知道一半就亂說話，普天之下的不智者，大都會犯這樣的錯誤。

在搞清楚狀況之前，最好還是不要亂說話，因爲在這種情況下所說的話，絕大部分只會顯露出自己的無知而已。

老王有天在街上閒逛，看到前方不遠處似乎有車禍發生，一群人正擠在一旁圍觀。他生性愛看熱鬧，連忙湊過去想看個究竟，可是人太多了，怎麼擠也擠不進去。此時，老王忽然心生一計，站在人群後大喊：「讓開！我是死者的父親！讓我過去！讓我過去！」

只見大夥兒都一臉驚訝地望著他，並且很快就讓了一條路讓他過去。老王往前走了好幾步，但是眼前的景象卻讓他頓時說不出話來。

原來，奄奄一息躺在地上的是一隻豬。

老王或許覺得自己很聰明，想得出這麼一招，可以輕輕鬆鬆地就擠到人群的最前面一探究竟，卻沒想到因爲他的自作聰明，弄得自己在衆人面前出了個天大的糗！

文學家老舍曾經這麼評論：「憑著一點浮淺的所知而大發議論，和醉鬼藉著點酒力瞎嘮叨大概差不了多少。」

說出去的話就如同潑出去的水，沒有辦法再吞回肚子裡，就算事後我們後悔了、改變心意了，先前的失言還是會像火燒野草一樣，在別人眼裡形成負面效應，再也無法挽回。

有些人天生就是喜歡大發議論，也不管自己到底對這件事、這個人懂多少，嘴巴上卻說得自己好像是個專家似的。對於這種人，法國哲人孟德斯鳩曾經做了如下的評論：「思考得越少，話就越多。」

這麼直接的形容，眞可說是一針見血！因此，下次在開口說話之前，別忘記先在心裡想一想：自己眞的對這件事、這個人夠了解嗎？如果你的答案並不肯定，那麼建議你還是先閉上嘴，留一點思考的空間給自己吧！

太過無知，小心被當成白癡

老是在貧乏又狹隘的世界裡自嘆遇不到伯樂的人，無法了解外面的世界有多大、自己的能力又有多小。

托·富勒曾說：「略知皮毛者總愛反覆談論那些皮毛。」

只懂得一點點的人經常因爲自己本身的無知，而自以爲已經無所不知。

想想，如果我們總是得不到他人的肯定，那究竟都是別人的問題，還是我們自己的問題？

經過金融海嘯衝擊，我們面臨的競爭比以前任何時代都要激烈萬分。生存環境越來越惡劣，如果你不設法讓自己更聰明一點，更精明一點，想要繼續裝傻、擺爛，那麼，你就只能在「裁員滾滾」的洪流中載浮載沉。

話說有兩個落第秀才結伴歸鄉。這日兩人來到一座城外，看到參差不平的城牆，一時詩興大發，其中一名秀才於是吟道：「遠看城牆鋸鋸齒。」

另一名秀才不甘示弱，隨口就接了下一句：「近看城牆齒齒鋸。」

「唉，像我們這樣的文才竟然沒有考上，我看主考官們八成都瞎了眼！」想到別人衣錦還鄉，而自己卻一無所獲，二名秀才不禁抱頭痛哭。

這時候，恰巧一名農夫趕著馬車從旁邊經過，看到二位書生痛哭流涕，覺得很奇怪，於是上前關心。

二書生便將自己的經歷向農夫哭訴一通，又將剛剛作的句子唸一遍給農夫聽，還十分不服氣地說：「像我們這樣的天才居然落第，世界上哪裡還有天理呀！」

話剛說完，農夫卻突然蹲在地上哭了起來，書生們以爲農夫是同情自己的遭遇，於是禮貌地上前勸慰。沒想到，農夫邊哭邊說：「這世界還眞是不公平啊，我的地貧瘠得幾乎長不出東西，可是眼看著你們兩個人一肚子的屎可以拿來做肥料，我卻沒辦法掏出來！」

這世上確實有許多人因為種種原因懷才不遇，滿腔的才能與幹勁沒有辦法發揮，只能鬱鬱度日。不過，卻還有更多肚子裡滿是草包的人，自以為才高八斗、學富五車，事實上沒有幾分才能，還不懂得補強自己的不足，一天到晚只會埋怨他人「不識泰山」、「不懂欣賞」！

俄國作家拉季舍夫曾經說過：「在知識的山峰上登得越高，眼前展現的景色就越壯闊。」

老是在貧乏又狹隘的世界裡自嘆遇不到伯樂的人，無法了解外面的世界有多大，自己的能力又有多小。唯有透過不斷的努力與學習，我們才能在更進一步了解世界與人群的同時，也驗證自己的能力與視界究竟到達何種程度。

PART 05

你也可以光明正大說謊話

「弄假成真」的手段並不高明，也不夠高尚，
但是，這在爾虞我詐的社會中，
在政治的競技場上，
能夠正大光明的又有幾個？

不要讓對方有推諉的機會

導引對方將心比心，如此一來，便能技巧地讓對方無從推諉，也就輕鬆地將問題解決了。

英國作家湯馬斯．富勒曾經寫道：「對別人始終處於信任狀態的人，是小人最喜歡算計的對象。」

因此，在這個小人無孔不入的年代，如果你不想被小人暗算，就千萬別濫用自己的信任，如此，才能不讓小人有機可乘。

人際應變智慧的精髓在於隱藏自己的心思，使別人無法識破自己的眞正意圖，遇到危機更要懂得借力使力，爲自己謀得更有力的契機。

日本有一家中小企業的總經理要求某家客戶準時付清帳款時，對方卻推說資金吃緊，希望能延期付款。

這對總經理來說，這實在是一件頭疼的問題，因爲這次若拿不到貨款，公司將無法付出員工們的薪資，所以非得拒絕他的請求才行。

這位總經理想了想，向對方說：「我知道，貴公司多年來一直都經營有方，這次會遇上資金吃緊，相信是銀行的問題吧！說眞的，最近的銀行似乎一點也不願意支援企業。」

他這麼一說，似乎正中對方的下懷，這位客戶開始大發怨氣，怒斥銀行，於是這個精明的總經理也附和著對方的口氣，跟著也痛罵了銀行一番。

就這樣，兩個人把銀行視爲共同敵人，互吐積憤。最後，這位總經理拍了拍客戶的肩膀說：「誠如你所言，現在的銀行實在太不像話了，因此，到了付款的日期仍然要拜託你了。」

這時，客戶仍處在與總經理同仇敵愾的氣氛裡，沒想到對方忽然冒出這麼一句請託，一時間不知道要如何回應，只好點頭答應了。

蒙田曾經寫道：「我說真話，不是看我願說多少，而是看我能說多少。」

面對難纏的小人，爲了不讓自己吃虧，並非所有的眞話都可以在任何時候脫口而出的，一個眞正的說話高手，並不是口若懸河、口才便給的善辯者，而是最能摸清對方心理的人。

這位總經理與客戶一起抱怨銀行，巧妙地拉近了他與客戶間同仇敵愾的同理心，有了共同的敵人，於是也建立起彼此要相互奧援、扶持的心理。

他從批判共同敵人的議論中找出共識，並且讓對方明白自己的困境，然後悄悄地把話題繞回到雙方的帳款上，導引對方將心比心，不要造成惡性循環。

如此一來，便能技巧性地讓對方無從推諉，也就輕鬆地將問題解決了。

拍拍馬屁，做事會更順利

如果你可以懂得恭維的技巧，並且更進一步看穿他人恭維背後的真正意圖，不管面對何種情況，幾乎可以無往不利！

格朗熱曾說：「我們明知諂媚是毒藥，但它的芬芳仍使我們陶醉。」

擅長諂媚的人，永遠瞭解對方的心理需求是什麼，懂得拍馬屁的人，永遠知道如何用「舌頭」幫助自己度過眼前的難關。因此，當他們開口讚揚別人的時候，往往可以把馬屁拍到對方的心坎裡，讓對方樂不可支，卸掉原本的敵對情緒，把危機變成轉機。

從這個角度而言，只要不暗藏從背後捅人一刀的企圖，並且用得適時適度，拍人馬屁並不一定是壞事。

不知道你想過沒有，有的時候要些小心機，適度地讓對手有掌握全局的感覺，給他點甜頭嘗嘗，或許對自己來說，未必不是一件好事！

明朝有位翰林叫做陳全，向來十分幽默。有一次，他不小心誤入禁宮，結果被太監中貴發現了。

陳全趕忙告訴中貴，自己是因爲一時疏忽誤入禁宮，希望他睜一隻眼、閉一隻眼，饒他一回。

中貴想了想，便對他說：「我聽說你很擅長說笑話，這樣好了，你就說一個字，如果可以讓我笑，我就放過你，不然的話，我就向上頭呈報，把你給斬了。」

陳全低著頭想了一下，之後便說了一個字：「屁。」

中貴覺得很奇怪，便問他作何解釋，陳全於是回答：「放也由公公，不放也由公公。」

中貴聽了大笑不止，便依照約定把他給放了。

陳全無疑是個洞悉人性心理的高手，這一招「放也由公公，不放也由公公」不但幽默風趣，言語之間也讓對方充分感受到「翰林不過是個屁，生殺大權操之在我」的優越感。

不論做人或做事，很多時候身段要放軟。如果什麼事情都要弄得異常緊張、搞得像是兩邊對抗、四面楚歌、互擂戰鼓、敵意十足，非得殺個你死我活不可，通常只會給自己多樹敵人、自尋煩惱而已。

愛爾蘭有句話說：「恭維不用花錢，但是絕大多數的人卻不自覺地向恭維者付出巨款。」說的其實正是這個道理。

只要讓對方覺得自己可以很大方、很大氣，那麼他也不會對我們太斤斤計較了。給對方一句「讓你做主」的訊息，抬高他的地位，讓他得意一下，通常對方也會樂得大方，不與我們爲難。畢竟，這就是人的天性。

不過，要是立場互換，你可要注意，別被他人幾句恭維給迷了心竅、忘了東西南北了。

法國知名作家，諾貝爾文學獎得主羅曼·羅蘭曾經這麼寫道：「今天的捧場，就是明天的誹謗。」

口蜜腹劍的行爲之所以令人不齒，是因爲這種人習慣用「舌頭」掩護準備背後暗算別人的「拳頭」。

所謂知己知彼，百戰百勝。如果你可以懂得恭維的技巧，並且更進一步看穿他人恭維背後的眞正意圖，那麼不管面對何種狀況，幾乎可以無往不利！

責備，不一定要暴跳如雷

如果只看得見別人的缺點，只會直指別人的鼻子大罵不是，那麼只會產生更多的衝突，也是最笨的溝通方式。

法國文豪巴爾札克曾說：「人總是喜歡在別人面前炫耀自己，自己原本一無所有，卻要處處裝出什麼都有的樣子。」

這種傾向以小人最明顯，小人最常炫耀的除了財富、地位、名聲之外，就是「高尚的品德」，只不過，這樣東西實際上是他們最欠缺的。儘管許多勵志作家都教導我們，爲人處世應該以寬容爲本，但是，面對一些厚顏無恥的行徑，寬容過了頭就會變成縱容，只會使小人的氣焰更加囂張。

如果你實在看不下去，又何妨想想法子挫挫小人的銳氣？

四〇年代，美國色情工業方興未艾，有些唯利是圖的好萊塢製片商爲了追逐金錢，開始大量製作色情電影，並高價徵求色情劇本。

當時，有個製片商在徵求劇本時，提出了四個要求：「一要有宗教色彩，二要有貴族氣息，三要有性愛場面，四故事要令人驚愕」。

有位著名的劇作家聽到消息後，認爲此風不可長，爲了要調侃這位製片商，便照著他的要求，一個晚上就把劇本完成了，並且第二天一早就送去給那位製片商。製片商收到「名家之作」非常高興，但是，看完劇本之後，卻大罵這個編劇：「你是存心來找碴的嗎？」

原來，劇作家送來的劇本只有一句話，這句話是：「『上帝啊！』公爵夫人高聲喊道：『快把你的手從我的大腿上拿開』。」

這位幽默的劇作家，笑嘻嘻地對著火冒三丈的製片商解釋道：「親愛的先生，您不是公開聲明說要符合您提出的四個要求嗎？那麼『上帝啊』，難道不算宗教色彩嗎？『高聲叫喊的公爵夫人』，不也富有濃厚的貴族色彩嗎？『快把你的手從我的大腿上拿開』，您瞧，有隻手已經放在公爵夫人的腿上，這不正是性愛的場景嗎？如果您的精神還正常的話，從整句台詞的語氣上來看，相信您一定感覺非常驚愕吧？如此一來，您所要求的四個標準，在這個劇本裡不是都具備了嗎？」

被戲弄的製片商聽了這話，氣得面紅耳赤，卻也只能無言以對地看著劇作家大搖大擺地離開。

人是最擅長偽裝的動物，現實生活中道貌岸然的小人很多，如果你不想老是受他們宰割，那麼就得放聰明一點，透過適當的方式加以反擊。

病態的社會是小人滋長的溫床，在過度追逐名利的情況下，往往會造成許多錯誤、不良的社會風氣，以及扭曲的價值觀。

故事中，這位聰明的劇作家以極其諷刺的方法，撰寫了一個絕妙的劇本，藉以突顯色情電影業者在追逐金錢時的厚顏無恥，雖沒有和製片商正面衝突，卻以更直接地方式，給予同製片商一個無形的教訓。

同時，這個劇作家也提供了一個絕佳的溝通技巧。

人與人之間的相處，需要的是多點心思、多點溝通，如果只看得見別人的缺點，只會直指別人的鼻子大罵不是，那麼只會產生更多的衝突，招來更多報復，這也是最笨的溝通方式。

學學劇作家吧！嘲諷式的幽默，反而更能一針見血，讓小人深省。

說話前，先用用大腦

每個人的嘴巴，就像身上帶著的一把屠刀、一束鮮花，端看你要獻給對方哪一個，是要用話語讓他人快樂，還是讓他人痛苦。

清代的文士申居隕曾經這麼說：「一言之善，亦足以作福；一言之戾，亦足以傷和。」

確實，讓別人和氣或生氣，往往就在一言之間，我們怎麼能不小心留意自己所說的每一句話呢？

話說，紀曉嵐有天和一幫朋友在街上閒逛。

因爲閒來無事，紀曉嵐於是對朋友說：「看見那間店裡的老闆娘沒有？跟你們打賭，我能說一個字讓她笑，還能再用一個字讓她鬧！」

朋友問：「你認識她嗎？」

紀曉嵐答道：「不認識，不過，這沒有什麼差別，你們信不信？」

朋友們自然沒有一個人相信，於是雙方便打賭，以一桌酒席爲賭注。

只見紀曉嵐整理好衣衫，走到店門口，恭恭敬敬地對著看店的狗行了一個禮，叫道：「爹！」

老闆娘聞言愣了一下，接著就捂著嘴笑起來。

哪知，紀曉嵐緊接著走進店，對老闆娘也行了一個禮，並喊道：「娘！」

想當然爾，最後紀曉嵐輕鬆的贏了一桌酒席。

一個字可以讓人開懷歡笑，也可以讓人生氣不已，這就是語言的力量。

你是不是曾經後悔過去對別人說過的一些話？是否曾經因爲一句話，讓你與對方再也無法回到從前的關係？又或者，你是不是也曾經被別人的一句話刺傷，至今想來，心裡仍會隱隱作痛？

一句話能讓人雀躍不已，彷彿置身天堂；也能讓人飽受煎熬，活像是下了地獄般痛苦。

每個人的嘴巴，就像身上帶著的一把屠刀、一束鮮花，端看你要獻給對方哪一個，是要用話語讓他人快樂，還是讓他人痛苦。

想要在現實生活中持盈保泰，必須冷靜而心思細膩，如此才能培養深謀遠慮的智慧，像狡兔一樣預做應變措施。

千萬不要大剌剌地暴露自己的心思，也不要自以爲高人一等而逞口舌之快，免得招來無妄之災。

勇敢面對問題才是明智之舉

面對令人難堪的問題時，不要一味想著如何逃避，而要認真思考解決的方法，這才是實際又有效的明智之舉。

蘇格拉底曾說：「當你高興或動怒的時候，儘量緊閉你的嘴巴，免得讓小人有見縫插針的機會。」

因爲，你越能讓小人猜不著你的喜怒哀樂，小人就越會爲了找不到算計你的縫隙，而大傷腦筋。

一九六〇年秋天，蘇聯總書記赫魯雪夫乘著「波羅的海號」軍艦，前往紐約出席聯合國大會。

抵達紐約後，船上有個水兵竟趁機逃跑了，不過赫魯雪夫並不知道這個消息，直到開記者招待會，幾個美國記者用刁難和挑釁的語氣詢問時，他才知道有這麼一件丟臉的事。

赫魯雪夫對此事並不清楚，自然可以避而不談，或以「無可奉告」回應，或推說是記者們編造的謊言。

但是，赫魯雪夫沒有這麼做，反而用詢問的方式，問在場的媒體記者說：「眞有這回事嗎？」

確認之後，只見他搖了搖頭，惋惜地說：「這個年輕人怎麼不開口請求幫助？或者來徵求我的意見呢？本來我可以幫助他，至少可以給他一些的錢，可是，現在他卻在你們這兒失蹤了，眞是可惜……」

赫魯雪夫滿臉眞誠的模樣，以及認眞回應的態度，反而讓記者們無話可說，這件事也就這麼結束了，沒有被記者們當作話題加以鼓噪。

面對美國記者的挑釁，赫魯雪夫稍有不慎就會被攻擊得體無完膚。但是，他臨危不亂，很有技巧地換了一種方式回應，不僅展現了自己的元首氣度，更乾淨俐落地堵住了任何想藉此大做文章的媒體記者的嘴。

面對令人難堪的問題時，不要一味想著如何逃避，而要認眞思考解決的方法，這才是實際又有效的明智之舉。

否則在人們猜疑和好奇心的驅使下，反而容易把問題的焦點模糊，甚至被有心人刻意栽贓或製造事端，使自己在尚未得到公平審判前，便被宣佈死刑了。

你也可以光明正大說謊話

「弄假成真」的手段並不高明，也不夠高尚，但是，這在爾虞我詐的社會中，在政治的競技場上，能夠正大光明的又有幾個？

莎士比亞在《哈姆雷特》裡說：「人往往用至誠的外表和虔誠的行動，掩飾一顆魔鬼般的內心。」

如果你恨透了週遭那些道貌岸然的僞君子，有時不妨學學下面故事中的評論家，光明正大說個「八卦新聞」，讓他們爲了澄清而疲於奔命。

日本曾經發生一件相當轟動、「弄假成眞」的政治事件。

在一場宴會中，有位政治評論家突然站起來說：「我現在要說的事，並沒有事實根據……」

接著，他爆料說出了一件足以令某位政治家結束政治生涯的訊息。

雖然這位評論家已申明，這件事並沒有事實根據，但是這個消息卻讓在座的所有人都認爲，這件事一定是眞的。

不久，媒體大肆報導了這則消息，那位政治家看了報導之後，便氣沖沖地立刻趕去興師問罪。

評論家在道歉後，無奈地說：「我曾經事先聲明，這件事並沒有確實的根據，這點當天在場人士都可以作證。」

這位政治家聽了這番說詞，儘管對他恨得牙癢癢的，卻也無可奈何，只好悻悻然地離開了。

馬克吐溫曾經這麼說：「你必須找到事實，接著你怎麼扭曲它都行。」

在這個巧詐勝於雄辯的社會上，有些人爲了達到目的，往往會在看似眞實的基礎下，發出虛假的言論，讓人防不勝防。

這個評論家利用群衆習於偷窺、猜疑的好奇心理，雖然事先已經表明他所說的「小道消息」沒有事實根據了，但是，以他的身份地位，加上這種「此地無銀三百兩」的說話方式，反而更讓人信以爲眞。

所以，這位政治家在這場「弄假成眞」的遊戲裡，其政治生涯自然受到了影響，也造成一定程度的傷害。

雖然這種惡意中傷的手段並不高明，也不夠高尚，但是，這在爾虞我詐的社會中，在權謀機詐處處可見的政治競技場上，能夠正大光明的又有幾個？

如何讓難纏的人心軟？

無私的愛心之所以能打動人，是因為其中包涵了真心和誠心，不管是多麼鐵石心腸的人，遇上了這麼一個溫柔的愛心，想不心軟也難！

日本當代作家池田大作在《青春寄語》一書中說：「即使開始懷有敵意的人，只要抱著真實和誠意去接觸，就一定能換來好意。」

確實如此，天底下沒有融化不了的寒冰，只有不懂得如何用真心去融化，卻一味想投機取巧的人。

想在人性叢林獲得成功，不光有能力、肯努力就能達到，必須明確洞悉自己遭遇的對手，也明瞭自己面臨什麼狀況，並且用最正確的方法面對。

二次大戰後，日本有一位叫市村的地產商人，在銀座看中了一塊土地，想要買下來改建成商業大樓，但是，這塊土地的所有人，卻是一位非常頑固的老太太。

爲了購買這塊土地，市村來來回回地走了好幾百趟，但都無法成功地說服老太太。因爲，老太太說那是祖上留下來的產業，絕對不能出售。

但是，市村一點也不死心，只要一有空閒，幾乎天天都會前去找這個老太太溝通。有一次，在一個下著大風雪的日子裡，市村再度前去拜訪老太太，請求她出讓這塊土地，但仍然被老太太拒絕。

誰知，第二天，老太太卻意外地出現在市村的事務所，而且表情十分愉悅。市村高興地請她入座，老太太說：「市村先生，今天我原本是來做最後一次拒絕的，不過，剛剛發生了一件事情，使我臨時改變了主意。」

市村一聽，完全摸不著頭緒，正想開口問時，老太太接著說：「市村先生，那塊土地我願意讓給你。」

「啊？」市村聽了，驚訝得說不出話來。

原來，這個難纏的老太太轉了好幾次車，才找到市村的事務所，途中她曾經向許多人問路，但大數人都對她愛理不理。當老太太身心都感到十分疲憊的時候，終於找到了市村的事務所，她一推開事務所大門，便聽到一位女職員很溫柔地說：「請進。」

而且，這個女孩不但沒嫌她髒，還脫下自己腳上的拖鞋，請老太太穿上，並親切地扶她上樓。因爲這名女職員親切的態度，像是孝順的女兒對待母親一樣，使得老太太深受感動。

戰後的日本，人心冷漠，大家只顧著自掃門前雪，有愛心、能體貼別人的人已經很難得見到了。如今，卻在市區的一個小角落裡，遇到這麼好心的女孩，當然讓老太太大爲感動了！

一個市村多次奔走、懇求都無法解決的難題，只因爲一份小小的愛心，竟然令頑石立刻點頭了。

誠摯待人，就不會因爲人際難題而傷腦筋，也不會因爲小人就在自己身邊而終日提心吊膽。

無私的愛心之所以能打動人，是因爲其中包函了眞心和誠心，不管是多麼鐵石心腸的人，遇上了這麼一個溫柔的愛心，想不心軟也難！

在邁向現代化的過程中，高樓大廈阻礙了人與人之間的溝通，在爾虞我詐的市場爭奪中，權謀機詐更拉開了彼此的距離，習慣了冷漠環境的我們，對於任何人也都多了道心防。

沒有人是喜歡冷淡的，如果你希望看見善意的微笑，那麼請從自己做起吧！不管對方多麼難纏，很快地，你就會贏得一個溫暖的微笑。

你怎麼待人，別人也會那麼待你

隨時心存善念，以誠待人，那麼我們自然會有許多意想不到的驚喜，特別是在你需要幫忙的時候。

成功學大師戴爾·卡內基在《人性的弱點》裡說：「與人交往，待人以至誠，才能換取真摯的友誼。」

以誠待人，是人與人之間交往的根本，唯有如此，在關鍵時刻才能獲得真摯的幫助，讓自己避開險境。

年輕的鋼鐵大王安德魯·卡內基剛進入公司時，就深得上司史考特的信任，當史考特升任總公司的總務主管後，卡內基也跟著史考特被調派到總公司工作。

但是到了總公司，被安排在史考特底下的員工，卻一點也不願意配合，甚至有人還暗中策劃，準備罷工。

剛到總公司的史考特與卡內基，根本還沒進入狀況，就陷入了孤立無援的情況中，眼看著工廠的氣氛越來越緊張，似乎員工們的罷工行動也正一觸即發。

有一天晚上，卡內基獨自在黑暗中走回宿舍，忽然有個人走近他身邊，低著聲音說：「小聲一點，不要讓別人看見我和你走在一起。你可能不記得我了，我曾經請你幫忙找一份打鐵的工作，當時，你特別爲我放下手上的工作，百忙中還幫我找到總公司的這份工作，現在你碰到了麻煩，就讓我來幫忙你吧！」

接著，這個人便拿出了計劃罷工的工人名單給卡內基。

隔天，卡內基把此事告知史考特，史考特便立即採取對策。他以通知那些人去領薪水爲名目，讓工人們知道，他們的罷工秘密洩漏了，於是，他們個個都縮回脖子，不再提罷工的事情。

經過這件事，使卡內基深深感覺到，人與人之間的體貼和幫助是多麼可貴，才能在緊要關頭時受到這麼大的幫助。

人與人交往的時候，應當學會適時放寬自己的心境，多爲自己和別人預留一些轉圜空間，凡事抱最好的期望，做最壞的打算，如此，才不會使自己的人生之路腹背受敵，寸步難行。

這則小故事，不是要我們在付出時有所期待，或者滿腦子只想著別人的回報，而是要告訴我們，隨時記得廣結善緣，以誠待人，那麼我們自然會有許多意想不到的驚喜，特別是在你需要幫忙的時候。

不過，也別過度期望別人的回饋，只要記住，你怎麼待人，人們自然也會怎麼待你，那才是正確的與人相處之道！

相信專家，小心變成輸家

別再盲目地聽信「專家」的意見了，否則你很容易變成輸家。唯有經過思考和判斷，才能真正的付出行動。

在這個迷信專家的年代，熟諳人性弱點的小人，往往會處心積慮地塑造自己，以「專家」形象出現在公眾面前，讓無法分辨真偽的人吃虧上當。

其實，即使最傑出的天才人物，在某些領域中仍舊是寸步難行、愚昧無知的，因此，不要盲目迷信專家的說法。

一個人如果不曾仔細觀察，就不會有深刻的理解，自然也就不會有正確的行動。

美國有位心理學家曾經做過一個實驗。

開課前，他介紹一位化學家，說是要來和同學一起研究一個新實驗，他說：「這位就是世界知名的化學家史密特先生，你們今天要配合他做一個試驗。」

於是，這位史密特先生用德語向學生講解，而由那位教師當翻譯。

史密特說，他正在研究某種新發現物質的性能，因爲這種物質擴散得非常快，人們才聞到它的氣味，就立刻消散了，氣味並不持久。但是，一些較過敏的人，在聞到這種氣味後會有輕微的反應，諸如頭暈、噁心……等情況，不過，這些症狀很快就會消失，並不會有任何副作用。

史密特說完後，便從皮包裡拿出一個密封的玻璃試管，他說：「現在，只要一打開試管，這種物質便會立即散發出來，你們很快就會聞到氣味了，一聞到氣味的人，請立即舉起手來。」

只見他打開了試管，不一會兒工夫，從第一排到最後一排的學生全都舉起手來，甚至還有人說有自己頭暈的現象。

當實驗結束後，沒想到老師卻對學生們說，所謂具有強烈刺激氣味的物質，其實只不過是普通的蒸餾水而已，至於那位「史密特」先生，也只是該校的一位德語教師，根本不是什麼世界著名的化學家。

從這個實驗中，我們可以得知一個人性的弱點，那就是人們太過迷信專家了。一遇到專家，就習慣以他們的說詞作爲依據，造成行爲上的盲從，讓自己失去客觀的判斷能力，因此才會被週遭的小人騙得團團轉。

你是不是也習慣當個應聲蟲呢？或是只會人云亦云，一點自主思考和判斷的能力都沒有？

別再盲目地聽信「專家」的意見了，否則你很容易變成輸家。

就算頭銜再多，名聲再響亮，貨眞價實的專家也會有出錯的時候，更何況是那些冒牌的專家呢？唯有經過思考和判斷，才能眞正的付出行動。

讓小人自己去傷腦筋

活用你的腦袋吧！方法和生機全在你的大腦裡，只要動一動腦，你就能發現另外的一片天地。

希臘哲聖蘇格拉底曾經語重心長地這麼說：「不經思考、反省的人生，是不值得活下去的。」

在人生的各項競爭中，是否具備聰明才智，往往是決定勝負的關鍵。

因此，平常就得經常鍛鍊自己的腦力，讓才智像太陽一樣發光，如此它才可能成爲你克敵致勝的秘密武器。

這是一個腦力競賽的時代，當你遇到人生中的困境和危機之時，往往就是測試自己生命價值的關鍵時刻。

古希臘時代，有位國王為了彰顯他的「仁慈」，特地允許囚犯自行選擇死亡的方式，方法有二，一是砍頭，二是絞刑。

但是，國王讓囚犯選擇死亡的方法卻很可笑，他要求囚犯在臨死前，隨便說一句話，並由他當場檢驗這句話的眞假，倘若囚犯說的是眞話，便處以絞刑，說假話就要被砍頭。

於是，臨刑前，每個說眞話的囚犯一一上了絞刑台，說假話的囚犯則一個個人頭落地。

這時，國王的衛士把一個名叫布爾的囚犯帶到了刑場，讓他和其他囚犯一樣，先說一句話來斷定眞僞之後，再決定行刑的方式。

這時，只聽見聰明的布爾說：「國王陛下，您會將我砍頭！」

國王聽了之後，不禁大傷腦筋，想了半天也想不出話中的眞假。如果布爾說的這句話算眞話，那麼就得處以絞刑；但是若處以絞刑，那麼這句話就會變成了假話。

同樣的，如果這句話算假話，那麼就得將他砍頭，但是，要眞砍頭的話，這話便又成了眞話。

只見國王搔得頭髮都亂了，仍然想不出結果來，最後他只好宣佈將布爾放走，赦免了他的死刑。

在「你不詐人，人必詐你」的人性戰場上，我們的身邊充斥著噬人害人的小人，如果你不懂得把心機發揮在可以勝出的地方，那麼你永遠都只是這場戰役中的輸家，被小人玩弄於股掌之中。

不能以武力征服的，靠智慧每每制勝，如果你不能識破小人正的「搞詭」伎倆，不能用智慧化解，無疑就會淪爲任人宰割的「蠢蛋」。

聰明的布爾，利用邏輯中的矛盾，才得以僥倖免於一死，如果他只會呼天搶地的喊「大人冤枉」的話，下場當然是死路一條。

日常生活之中也是如此，當你不小心被小人逼進了死胡同裡，你是在那裡拼命地繞圈圈、鑽牛角尖，還是坐以待斃等著死期的到來，還是設法絞盡腦汁將問題丟還給對方，讓他自己去傷腦筋呢？

文藝復興時期的大藝術家達文西說：「鐵不用就會生鏽，水不流就會發臭，人的智慧不用就會枯萎。」

確實如此，唯有懂得運用智慧的人，才可能激發高明的創意，爲自己創造出無可比擬的競爭力。

活用你的腦袋吧！方法和生機全在你的大腦裡，只要動一動腦，你就能發現另外的一片天地。

PART 06

把壞人變成另類的貴人

不要被不留口德的「壞人」看扁，
要不斷激勵自己，一定要比對方強，
如此一來，對方就會變成你人生過程中的另類貴人。

冷靜與機智是絕處逢生的幫手

冷靜與機智的養成必須雙管齊下，培養靈活的解決應變能力之外，更要建立起對自己處事能力的自信。

身處在危險的崖邊，很多人經常因為絕望而選擇了放棄。

然而，他們卻從來都不知道，就在身後，其實隱藏著一條絕處逢生的後路，只要能再冷靜一點，願意用明智的雙眼去探尋，便一定能發現。

將冷靜與機智套用在日常生活中，我們便能輕易地發現，無論在工作中還是生活上，面對突發的危機，如果我們臨場反應夠冷靜，充分地表現機智，無論情勢有多不利，最後都將化險為夷。

霍爾是波斯帝國的太子，有一年率兵遠征，不幸被阿拉伯的士兵俘虜，當士兵們將他押解到國王的面前時，國王便立即下令處斬。

在刑場上，霍爾向國王請求：「主宰一切的國王啊！我現在口渴得十分難受，您胸懷大度，能不能讓您的俘虜喝足了水後再處死啊？」

國王點了點頭答應，示意侍衛端一碗水給他，霍爾接過水後，立即將碗湊到嘴邊作勢要喝。

但是他只將碗放在嘴邊，卻沒有飲用，反而以十分驚恐的眼神環顧四周。

準備行刑的士兵怒斥道：「你爲什麼不喝？」

只見霍爾竟渾身發抖起來，接著還以十分驚懼的聲音說：「我聽說……我聽說，你們這些人非常兇殘且不懂天理，我擔心當我正在品味這碗最後的清水時，會有人舉刀殺死我。」

國王聽見霍爾的擔心後，立即安慰他說：「你放心吧！沒有人會動你。」

霍爾一聽，連忙請求道：「眞的嗎？國王您能不能給我一個保證，讓我安心地品嚐這碗水？」

阿拉伯國王舉起了手，說道：「我以眞主的名義發誓，在你沒喝下這碗水之前，沒有人能傷害你。」

沒想到國王一說完，霍爾竟毫不遲疑地將這碗水潑灑到地上。

「混帳！你這什麼態度啊！我好心給你喝水，你竟然不領情，來人啊，立即將他推出斬首！」國王厲聲喝道。

這時，霍爾竟平心靜氣地問國王：「等等，國王陛下，您剛才不是莊嚴地向眞主發誓，保證不會讓我受到傷害嗎？」

國王聽了，大聲地解釋道：「我只是保證，在你沒喝下那碗水之前，誰也不能傷害你！」

這時，聰明的霍爾滿臉微笑地說：「陛下您說的沒錯，您也看見了，我並沒喝下『這碗水』啊！而且我再也喝不到『這碗水』了，因爲它已經滋潤了您的土地，所以，陛下要履行您身爲君王的誓言啊！」

國王一聽，這才恍然大悟自己上當了，最後只好釋放了霍爾。

面對壞人之時，冷靜與機智是求生的兩大支柱。就像故事中的霍爾，如果他無法冷靜情緒，恐怕很難表現出如此聰穎的機智，相對的，即使能冷靜情緒，要是累積的智慧不足，恐怕也無法營造出化險爲夷的結局。

冷靜與機智的養成必須雙管齊下，除了培養靈活的應變能力之外，更要建立起對自己處事能力的自信，然後才能在冷靜、機智的絕佳狀態中，輕鬆地解決別人認爲已經回天乏術的難題。

遇到壞人，能不能扭轉劣勢，在於我們的心中是否有改變的實力與勇氣。未來是生機無限還是一片灰暗，決定權從來都在我們的手中，只要我們能保持冷靜，相信自己的處事智慧，那麼最後的結果終將超乎人們的想像與預言。

巧妙出擊，就能輕鬆解決難題

不必擔心問題叢生，只要微笑面對，然後我們就能發現解決的方法，輕鬆自信地渡過一個又一個難關！

孟德斯鳩曾說：「我一直認為，一個人想要獲得成功，就必須表面上忠厚老實，實際上暗留一點心機。」

確實如此，在這個爾虞我詐的社會裡，當個厚道的老實人固然值得稱許，但是一定要多留幾個心眼，千萬不能忽略人性中的狡猾虛僞、奸詐殘忍、言行不一……等黑暗面。

生活中，我們一定會與麻煩相遇，也一定會和困難過招，因爲它們都是我們人生歷程中的一部份。

處於不利的形勢或被動的局面時，只要能巧妙地擊，搶得解決問題的主導權，不僅能反敗爲勝，更能在事情圓滿落幕後，輕鬆坐上成功的寶座。

阿桑是個伊朗人，爲人開朗厚道且樂於助人，由於頗有積蓄，所以經常有人想向他借錢。

這天，有位經營服飾業的朋友來訪，阿桑熱情地招待。但過了一會兒，友人卻愁眉苦臉了起來，阿桑便問：「加伊啊，你怎麼滿臉愁容啊？」

加伊嘆了口氣說：「唉，現在生意難做啊！像現在，明明有一個現成的生意，可我卻沒有本錢投資。」

阿桑關心地問：「喔，那你缺多少錢？」

加伊說：「如果有二千金幣就夠了，我說阿桑，你能不能幫幫我啊？」

重情義的阿桑二話不說，立即說：「沒問題。」

於是，兩個人立即寫下了借據，加伊感動地說完謝意與歸還日期後，拿著錢便離開了。

過了幾天，阿桑的妻子問起了這件借錢之事，並向阿桑要借據來看看，誰知阿桑竟將借據給弄丟了。

「啊！借據不見了。」阿桑緊張地向妻子說。

這時，妻子連忙提醒他：「沒有了借據，加伊恐怕會把錢賴掉啊！」

著急的阿桑一聽，立即去找友人納斯丁想辦法，納斯丁追問：「你們簽寫借據時，有沒有其他人在場？」

阿桑搖了搖頭：「沒有啊，就只有我們兩個人。」

「那期限多久？」納斯丁又問。

只見阿桑伸出一個食指說：「一年。」

納斯丁想了一會兒，忽然說：「有了，你馬上寫封信給他，並催促他儘快還你二千五百金幣。」

但是，老實的阿桑卻說：「不對啊！我只借他二千金幣。」

納斯丁笑著說：「你這麼寫就是了，因爲他一定會回信提醒你，他只向你借『二千金幣』啊！」

阿桑明白地點點頭，立即寫信。

果然三天之後，加伊回信了，信上寫道：「我只向你借二千金幣！而且當時言明一年後才還，你別擔心，我一定會還給你的。」

而這封回信，便成了阿桑新的「借款證明」。

達文西曾說：「在生活的道路上，暗藏著許許多多的蛇，行路的人要事先想到這點，並且要選擇適合自己的安全之路。」

活在這個爾虞我詐的社會裡，不少人的心頭都潛藏著見不得人的心思和醜惡的慾望！走在危機四伏的人生道路上，想避開潛伏於暗處的「毒蛇」，就必須看透人性，同時具備做人與做事應有的應變智慧。

一個小小的變通，讓老實的阿桑重新得到一份借款證明，也讓原本可能失去的財富，再又失而復得。

故事中沒有誇張的解決技巧，只是簡單地寫一封信，然而從中，我們不難領悟出一個宗旨：「發生問題時先冷靜，然後再慢慢地思考出最好的解決辦法。」其實，發生問題時，我們無法預料會出現哪些狀況，但是處理問題時，卻可以要求自己從事情的不同角度中探尋，多元地找出任何可能解決的方案，力求能圓滿解決。

從這則簡單的故事中，我們也省悟出一個生活重點：不必擔心問題叢生，只要微笑面對，然後我們就能發現解決的方法；不必害怕困難出現，只要微笑面對，我們就能輕鬆自信地渡過一個又一個難關！

把壞人變成另類的貴人

不要被不留口德的「壞人」看扁，要不斷激勵自己，一定要比對方強，如此一來，對方就會變成你人生過程中的另類貴人。

古羅馬思想家西塞羅曾經寫道：「刻毒的壞人，比那些表面合意的朋友，對人更有用處，因為前者說的常常是實話，而後者從來不會講實話。」

的確，一個處心積慮想陷害你的壞人，了解你的弱點，絕對比那些只會向你逢迎拍馬的朋友要強得多，因此，從另外一個角度來看，所謂的壞人，又何嘗不是幫我們更了解自己弱點在哪裡的另類貴人？

人在邁向成功的過程中，必須具備的心理特質，就是勇敢地面對別人的嘲笑與譏諷，因爲，譏刺的話語往往比刀劍還要銳利，會刺傷一個人的意志。

美國的玉米大王斯泰雷，就是因爲勇於把別人譏諷當成奮發向上的激勵，才獲得令人羨慕的成功。

斯泰雷十六歲的時候，曾經在一家公司當售貨員，當時，他的職位和薪資都很低，工作量卻非常龐大。

斯泰雷心中一直有個願望，那就是要成爲一個不平凡的人。

但是，每當他流露出自己內心的想法時，公司的老闆便要他少做白日夢，並刻薄地譏笑他不自量力、異想天開。有一天，他被老闆狠狠地訓斥了一頓：「老實說，像你這種人根本不配做生意，你只是徒有一身蠻力，卻一點腦袋也沒有，我勸你還是乾脆到鋼鐵工廠去當個工人吧！」

這番話惡毒的話語嚴重刺傷了斯泰雷的自尊，因爲他自認做事講究方法，而且一直都非常小心謹慎，工作態度也相當主動積極主動，被老闆這麼一激，不禁出言反擊。

他對老闆反駁說：「先生，你當然有權力將我辭退，但是，你不可能毀滅我的意志。你說我沒有用，那是你主觀的偏見，這一點也不會減損我的能力。你看著吧！總有一天，我會開一家比你大十倍的公司。」

老闆聽到這個不知天高地厚的年輕人，竟然敢出言頂撞自己，不禁嗤之以鼻，而且立即將他開除。

誰知道，幾年之後，斯泰雷果眞憑著自己的智慧，創造了驚人的成就，成爲享譽全美的玉米大王。

把別人的嘲諷視爲激勵，它就能變成逆境中前進的動力。

其實，我們一點也不必害怕被人譏諷和責難，有時候，這些話語並非全然沒有根據，或許自己眞的有某些不足之處需要補強。

因此，聽到別人的譏諷和責難，我們應當虛心記取，仔細反省自己是否有對方所說的缺失，並努力加以修正。

反省之後，如果自認沒有任何缺失，或是錯誤根本不在自己，那麼就把這些嘲諷和貶抑轉化成向上躍升的動力。

不要被這些不留口德的「壞人」看扁，要不斷激勵自己，一定要比對方強，如此一來，對方就會變成你人生過程中的另類貴人。

借力使力，就能無往不利

只要不迷信表面現象，你就可以輕易洞穿「壞人」使壞的伎倆，然後借力使力，成為一個「把壞人變成貴人」的聰明人。

《唐吉訶德》的作者塞萬提斯曾說：「無論瓦罐碰了石頭，還是石頭碰了瓦罐，遭殃的總是瓦罐。」

因此，如果你是「瓦罐」，壞人是「石頭」，與其跟壞人硬碰硬，還不如把壞人當成一個讓自己戒慎恐懼的「人性鬧鐘」。

其實，壞人並不可怕，最可怕的是在「壞人」面前迷失自己，根本不知道他們到底壞在哪裡？如果你知道他們如何對你使壞，至少你可以藉此了解自己的罩門在哪裡，然後加以補強。

在一場歐洲音樂指揮大賽中，有三位頂尖的指揮家進入最後決賽，其中有一位是世界著名的日本指揮家小澤征爾。

決賽之時，小澤征爾照著評審委員會提供的樂譜指揮樂隊演奏，卻發現樂譜出現幾個錯誤，使他無法與樂隊協調。

小澤征爾本來以爲是樂隊演奏時出差錯，便立即停下指揮，要求樂隊重新演奏，然而，第二次演奏時卻仍然無法讓他滿意，因此他便向評審委員指出樂譜有誤。這時，有位評審委員鄭重其事地強調，樂譜根本就沒有問題，完全是小澤征爾個人的錯覺。

面對這位音樂界的權威，小澤征爾對自己的判斷有些猶疑，但是幾經思考後，他仍然十分肯定地大聲說道：「不，一定是這份樂譜有誤！」

他的話一說完，評審席上立即傳來了熱烈的掌聲。原來，這是評審委員們故意設計的「圈套」，用來考驗指揮家們在發現樂譜出錯，並遭到權威人士否定他們的判斷時，是否能夠堅持自己的判斷正確無誤。

在此之前，其實前兩位參賽者也發現了這個問題，但他們卻懾服於權威，誤入「圈套」，最後慘遭淘汰。只有小澤征爾沒有被評審委員騙倒，因爲他跳脫了一言堂式的權威迷思，清楚知道音樂世界裡的是非對錯，也因此成爲最有資格獲得這次比賽桂冠的指揮家。

每個人都會有判斷上的盲點，事業或生活當中，有時也會出現無法解決的難題，因此，在尋求問題的解答之時，更應該建立自信。

如果，你是一個一味跟著衆人前進的人，那麼不妨多給自己一些信心，因爲，邁向成功的道路上，會有許多「壞人」設下的陷阱，不要一味地聽取別人的指引，也許他們給你的會是一條深不可測的「圈套」。

當然，圈套不一定是「壞人」故意設置的，有時是因爲你不知變通，不相信自己的判斷，不自覺地掉了進去。

擺脫「壞人」捉弄的要訣之一是：別太相信表面現象。如果，你是個缺乏獨立性與自主精神的人，就應該從現在開始，試著用你的眼睛看世界，用你的判斷去實踐每一件事。

只要你不迷信表面現象，慢慢的，你便會發現，自己可以輕易洞穿「壞人」使壞的伎倆，然後借力使力，成爲一個「把壞人變成貴人」的聰明人。

與其唉聲嘆氣，不如再接再厲

哲人波魯塔克曾說：「衡量一個人的傑出與否，取決於他是否禁得起考驗和挫折。」

眞正聰明的人，不會因爲一時的失敗而情緒失控，更不會稍不如意便失去理智，反而會再接再厲。

因爲他們十分清楚，暴跳如雷於事無補，只有發憤圖強，戰勝眼前的困境，才會讓自己步上成功的路途。

連鐵杵都能磨成繡花針了，你還認爲天底下有什麼不可能的事嗎？

不要被一時的失意蒙蔽了眼睛，只要把打敗自己的「壞人」，當成讓自己發憤圖強的貴人，你就會看見一個全新的自己。

你知道拿破崙在滑鐵盧一役是被誰所打敗的嗎？

答案是英國的威靈頓將軍。

這位打敗英雄的英雄並不只是幸運而已，他也曾嚐過打敗仗的滋味，並且好幾次被拿破崙的軍隊打得落花流水。

最落魄的一次，威靈頓將軍幾乎全軍覆沒，只好落荒而逃，逼不得已藏身在破舊的柴房裡。在飢寒交迫中，他想起自己的部隊被拿破崙打得傷亡慘重，這樣還有什麼面目回去見江東父老呢？萬念俱灰之下，打算一死了之。

正當他心灰意冷的時候，突然看見牆角有一隻正在結網的蜘蛛，一陣風吹來，網子立刻被吹破了，但是蜘蛛並沒有就此罷休，再接再厲，努力吐絲，立刻開始重新織網。

好不容易又快要結成時，一陣大風吹來，網子又散開了，蜘蛛毫不氣餒，轉移陣地又開始編織牠的網子。

像是要和風比賽一般，蜘蛛始終沒有放棄，風越大，牠就織得越勤奮，等到牠第八次把網織好以後，風終於完全停止了。

威靈頓將軍看到了這一幕，不禁有感而發，小小的一隻蜘蛛都有勇氣對抗大自然這個強大的勁敵，自己一個堂堂的將軍，更應該要奮戰到底，怎能因爲一時的失敗而喪失鬥志呢？

於是，威靈頓將軍接受失敗的事實，並且重振旗鼓，苦心奮鬥了七年之久，總算在滑鐵盧之役一舉打敗拿破崙，一雪當年的恥辱。

或許可以這麼說，打敗拿破崙的不是威靈頓，而是那隻不屈不撓的蜘蛛，以及牠堅持到底的勇氣。

蜘蛛結了八次網才完成，威靈頓屢次遭失敗後才打倒拿破崙，說明無論大事小事，不管簡單困難，其實都必須具備絕對的決心毅力才能做到。

哲人波魯塔克曾經說過：「衡量一個人的傑出與否，取決於他是否禁得起考驗和挫折。」

失敗是什麼？失敗是通往成功的必經之路。

壞人是什麼？壞人就是讓你更成功的人。

既然如此，那麼，你又何必爲了一時的失敗或不如意，坐在那裡唉聲嘆氣，怪東怪西呢？趕快把讓你遭受失敗的「壞人」當成貴人，化失敗爲成功的動力，徹底擊潰對手吧！

「敢做」，比「會做」更重要

想要成功，就不能害怕冒險。有了周密思考後所做的客觀判斷，再加上過人的膽識，那麼成功自然就能水到渠成了。

日本心理學家德田虎雄在《產生奇蹟的行動哲學》中，告訴我們一個鍛鍊堅強性格的方法：「為了像一個真正的人那樣生活，就要有自己的奮鬥目標，並為了達到目標而徹底改變自己。」

也許出身的地位有高低之分，但成功卻不會有任何設限，因爲任何人都有成功的機會，只是看你敢不敢、願不願意盡全力爭取而已。

理查德·科布登是一個農夫的兒子，年紀很小的時候就被送到倫敦，在一個倉庫裡受僱為童工。

理查德從小就是個勤奮上進的孩子，渴望能夠吸收更多的知識，可惜，他的僱主是個非常保守專制的人，總是鄙夷地認為工人就是工人，根本不需要讀太多書。

面對財大氣粗的老闆，理查德只能偷偷摸摸地自修學習，將從書本中獲得的知識默默藏在心裡。

學識所帶來的價值，很快地便展現在他的工作中，使他從一個倉庫管理員，成為旅行全國的推銷員；理查德更從中建立起屬於自己的人脈，為日後的獨立奠定基礎。

等到存夠錢之後，理查德便開始了他的商業生涯。

經過許多年的奮鬥，經商成功的理查德，有感於自己當年想讀書卻沒有書讀的遭遇，決定致力於普及大眾教育。

為了宣傳他的理念，理查德必須到處巡迴演講。然而，他沒有這方面的經驗和訓練，首次在公眾面前發表的演講可說是慘不忍睹。

但是，理查德並不因爲譏笑而不氣餒，靠著毅力和不斷地練習，終於成爲最具說服力的演講者之一。

理查德戰勝了那些折磨他、嘲諷他的「壞人」，把他們當成人生的跳板。他獲得非凡的成功，還被評價爲：「他是將個人才能和努力發揮得淋漓盡致的最佳典範，也是出身社會最底層的窮人，經由發揮自己的價值，躋身到受人尊敬的地位中，完美的一個例子。」

想要成功，就不能害怕冒險。

所謂的冒險，不是指盲目的鋌而走險，而是建立在周密的思考後所做的客觀判斷和積極行動；要達到這一步，必須累積相當開闊的視野和豐富的經驗。

有了這些條件，再加上過人的膽識，成功自然也就能水到渠成了。

嫉妒程度，是衡量成功的尺度

不必在乎別人嫉妒的眼光，因為平庸的人吸引不了眾人的目光，唯有真正有作為的人，才有讓人嫉妒的機會。

嫉妒別人不是一件好事，但是被別人嫉妒可就不一樣了。要是你沒有某種程度的本事，在別人心中沒有相當的評價和地位，那些「壞人」又爲什麼要嫉妒你呢？

海軍軍人伯利是一位名副其實的探險家，在一九〇九年四月六日乘雪橇到達北極，成爲到達北極的第一人。

這次的探險圓滿成功，讓他一夕之間聲名大噪，因爲這個紀錄是好幾個世紀以來，許多探險家不惜冒著生命危險也無法達成的。

不過，這次的探險卻讓伯利付出慘痛代價，他的腳長滿了嚴重的凍瘡，不得不切除八個腳趾頭，而這個因爲探險所受的重創，也讓他痛苦了好長一段時間。

就在這個時候，伯利在海軍的上司也因爲他聲名大噪，而充滿嫉妒心理，對他表現出極大的不滿。因此，後來當伯利再度提出到北極探險的計劃時，他們不但強烈反對，而且還公開抨擊伯利是假借「科學探險」之名，行募集資金「到北極逍遙快活」之實。

這些海軍的高階將領們竭力地阻撓伯利的北極探險計劃，最後在麥金雷總統出面干預下，伯利才得以繼續進行他的北極探險。

如果伯利一直都待在海軍總部裡當一名普通而沒沒無聞的軍官的話，他還可能遭到這種嚴詞抨擊嗎？

當然不可能，因爲他在海軍總部的重要性、知名度和影響力，都不至於招來別人的眼紅。

相對的，要是伯利害怕遭到嫉妒，因此卻步不前，放棄探險計劃的話，那麼他也不可能有名留青史的機會了。

嫉妒的程度，是衡量成功的尺度，只要你認爲自己的決定是對的，那麼就儘量放手去做吧！

只要你有眞才實學，就不必在乎別人嫉妒的眼光，因爲，平庸的人吸引不了衆人的目光，唯有眞正有作爲的人，才有讓人嫉妒的機會。

有實力，才有好運氣

雖然成功有時候也會受到運氣的影響，但是運氣不可能平白無故地從天上掉下來，而是在累積一定的實力之後，才會降臨在努力的人身上。

腳踏實地是的成功首要條件，但不可否認的是，有時候，「運氣」多多少少也可能成爲影響成功的條件之一。

只不過，運氣是很抽象的，只有在努力不懈的過程才會出現。

有一位老伐木工正在對新入行的班納德解釋要如何砍樹，老伐木工說：「要是你不知道樹砍斷後會落在什麼地方，那麼就不要砍它。而且樹總是會朝支撐力少的方向落下，所以，如果你想讓樹朝哪個方向落下，只要削減那一方的支撐力就可以了。」

班納德聽完，心中覺得半信半疑，他知道要是稍有差錯，他們要不是損壞一棟昂貴的別墅，就是弄垮一幢磚砌的車庫。班納德滿心不安地依照老伐木工的指示，在兩幢建築物中間的土地上劃一條線。

在那個還沒有電鋸的時代，砍樹主要靠的是腕力和技巧。

老伐木工等班納德準備完成之後，揮起斧頭便向大樹砍去。這棵大樹的直徑大約一公尺，老伐木工年紀雖然大，但臂力還是很強勁。過了半小時，大樹果然不偏不倚地倒在班納德所畫的線上，而且樹梢離房子還有很遠的距離。

班納德很佩服老伐木工的本事，但是老伐木工什麼也沒有表示，只是默默地將大樹砍成整齊的圓木，再把樹枝劈成柴薪。班納德對老伐木工說：「你的技術眞好！我絕對不會忘記你今天所教導的砍樹技巧！」

一直不發一語的老伐木工，這時才緩緩地對班納德說：「算我們的運氣好，今天沒有風。你要注意，永遠要提防風！」

美國總統林肯曾說：「如果我們能夠了解我們的處境與趨向，那麼，我們就能更好地判斷我們應該做什麼，以及怎樣去做。」

想要把周遭的壞人變貴人，就必須徹底分析當前的處境，明瞭自己和對手的優勢與劣勢，並且留意「風向」，然後才能設定往哪個方向突破，以最有效率的方式獲得成功。

雖然成功有時候也會受到運氣的影響，但是運氣不可能平白無故地從天上掉下來，而是在累積一定的實力之後，才會降臨在努力的人身上。

如果沒有努力過，只妄想著依靠運氣就能成功，那麼就算僥倖成功了，這種成功往往也只是曇花一現，難以長久維持的。殊不見，在各式各樣的領域，不就充斥著這類猶如流星一般的所謂「成功人士」？

接受約束，是為了得到更多幫助

要懂得把束縛你的「壞人」當作貴人。下次想抱怨時，別忘了你是在什麼情況下抱怨你的束縛。

每個人都想過隨心所欲的生活，可惜現實中「壞人」太多，存在著太多束縛，無法讓人任意而爲。

很多人會因此抱怨，但是仔細想想，如果沒有這些「壞人」束縛的話，那麼生活也許就失去了協助，不容易順利成長茁壯。

有一棵剛種下的小樹被綁在木樁上，感到很不自在，便對木樁抱怨說：「你爲什麼要這樣約束我，剝奪我的自由？」

木樁回答小樹：「你才剛被種下，根都還沒有紮穩，我的存在是爲了幫助你紮根，並且增加抵禦強風的能力，更能讓你不至於倒下！」

小樹完全聽不進木樁的話，心裡想：「我才不相信你這些鬼話！就算沒有你，我還是能紮穩根，根本不需要你的幫助！」

於是，小樹藉著風力，天天用力地摩擦木樁，終於把綁著它的繩索弄斷了。小樹非常高興能夠重獲自由，因爲它總算能隨風搖擺自己的軀幹，再也沒有東西能夠束縛它了。

誰知，當天晚上，忽然來了一陣狂風暴雨，小樹因爲沒有一個有力的支撐，很輕易地就被連根拔了起來。

等到第二天早上，毫髮無傷的木樁對著倒在地上的小樹說：「獲得自由的感覺，你現在應該知道了吧！」

小樹後悔地說道：「我現在才明白我需要約束，可惜已經太遲了！」

人常常用自己的角度衡量事物，因此犯下許多原本可以避免的錯誤。法國思想家拉羅什富科提醒我們：「各種人和事都有自己的觀察點，有的需要抵近去看，做出正確的判斷，有的則只有從遠處看，才能判斷得最好。」

生活週遭，那些約束你、限制你，讓你憎惡的人，很多時候並不一定就是壞人，而是協助你成長的貴人。

如果每個人都能隨心所欲，那麼結果必定會造成一團混亂。

畢竟，在一個群體中，你想要的不一定是別人想要的，而當兩者的慾望產生衝突時，要不造成混亂也難。

所以，要懂得把束縛你的「壞人」當作貴人。下次想抱怨時，別忘了你是在什麼情況下抱怨你的束縛，讓適當的約束幫助你成長。

講原則，也要看場合

想要在社會上立足，就要懂得因地制宜，多磨練自己的性格，才能夠讓別人自然而然地接受你的原則。

有原則是一件好事，也是生活中不可缺少的行事準則。不過，「原則」也得看事件、看場合，要是不管任何事情都只顧著堅持原則的話，不但自己會活得很辛苦，人際關係也會大受影響。

阿文在選擇朋友上，自有自己的一套標準，最不屑與那些虛偽做作、口是心非的人交往。

有一次，他參加一個旅行團，團裡有一個人爲人坦蕩、性格豪爽、說一不二，這正是阿文心目中可以結交的朋友類型。但是，幾天相處下來，大家不但不覺得和他在一起很開心，反而都覺得和他相處得很不愉快。

原因就是這位仁兄太過於坦蕩了，所以什麼話都說得出口，連粗話也是一樣；跟他交談，從來沒有商量妥協的餘地，而且他說話辦事不看場合，不但十分直言不諱，還常常讓人下不了台、十分難堪。

漸漸地，人人都對他敬而遠之。

阿文剛開始還覺得很困惑，心想：我們不是一直要求別人眞誠坦率嗎？爲什麼大家會對他的言行舉止感到反感呢？

後來，阿文終於明白了，眞誠坦率是指一個人內在的本質，而不是行爲上的「眞誠坦率」。

從此之後，阿文對朋友的選擇標準也就慢慢改變，不再那麼嚴苛了。

人生最大的困擾，就是爲了工作需要或社交活動，我們經常得和別人打交道，言行太過「眞誠坦率」，很容易得罪對方；但爲了把對方變成自己的貴人而言不由衷，甚至口是心非，事後又感覺自己太虛僞。

想解決這種兩難，你就必須讓自己多一點彈性。

生活中處處需要彈性，這樣才不會讓自己感到疲乏。

太堅持原則的人，只會讓自己到處碰壁，覺得生活當中到處都是「壞人」。所以，想要在社會上立足，就要懂得因地制宜，多磨練自己的性格，才能讓別人自然而然地接受你的原則。

如此一來，你不但可以成爲一個受人歡迎的人，更不會違背自己的原則，讓生活更能符合自己的要求和目標。

PART 07

感謝壞人送給你的機運

事情都已經發生了，
不如動腦想想有何解決之道，
或是如何「把壞人變貴人」，
也許這將是另一個「弄拙成巧」的奇蹟。

聽懂言外之意才能搶得先機

聽懂弦外之音也是人際溝通中的一環，不僅有助於人際關係的建立，更能讓我們比別人早一步搶得先機。

我們都熟悉「意在言外」的技巧，卻經常忽略了別人運用的可能；我們在與人溝通時，經常忽略了人們將本意放在話中話的用意，卻錯將體貼迂迴的溝通視爲敵意，進而造成日後溝通的瓶頸。

會聽話比會說話來得重要，聽人說話卻抓不到重點，或誤解別人所要表達的原意，不僅會讓我們的人際溝通屢出狀況，更會阻礙成功的步伐。

有個老猶太人爲了完成兒子的夢想，便支持兒子遠離家鄉到耶路撒冷求學，但很不幸的是，就在兒子離開故鄉不久，這位體貼的老爸爸突然身染重病，就快不行了。

清楚自己病情的老爸爸，自知無法見兒子最後一面，立即寫了一份遺囑，上面則清楚寫著：「家中財產全都給奴隸阿德，至於我的孩子，就讓他從這些財產中選擇一件，切記，只能要求一件。」

猶太父親死後，奴隸阿德非常開心，因爲老主人臨死前，竟然讓他擁有這麼多的財富，而他也爲了能儘快將事情解決，好好地享受，於是連夜趕往耶路撒冷，向死者的兒子報喪，並遞交這份遺囑讓他知道情況。

男孩仔細看完了遺囑後，十分震驚，實在不敢相信，那麼疼愛他的父親怎麼會這樣處理家產。面對父喪與對遺囑的失望，一時間竟失去了方向：「我什麼都沒了，未來該怎麼辦？」

心中充滿矛盾與痛苦的他，便來到老師家中，向導師吐露心中的煩悶。

然而，當老師聽完他的情況後，卻對他說：「嗯，從遺書上來看，你父親的確很賢明，而且十分疼愛你。」

但這個孩子卻忿忿不平地說：「是嗎？一個把財產全送給奴隸的人，對兒子怎麼會有關愛之情呢？」

老師搖了搖頭，說：「孩子，你應該再想一想，只要你能明白你父親的心意，那麼你將會發現，他可是留下了一筆可觀的財產給你啊！」

男孩仔細地聽著老師的開導，卻仍然一臉茫然，於是老師只得明白解說：「你想想看，當你父親知道自己活不久時，必然擔心在他死後奴隸可能會帶著財產逃走，甚至連喪事也不通知你。因此，他只得在遺囑上明白寫著要將財產送給他。如此一來，他不僅會好好地保管這些財產，而且會儘快將這件不幸的消息通知你。」

男孩不解地問：「那又怎麼樣？」

老師搖了搖頭說：「動動腦啊！奴隸不是你家財產的一部份嗎？你父親不是說，你可以要求索取其中一件財產嗎？如果你選擇奴隸，財產不是又回到你手中了嗎？這不正是充滿智慧的父親對你細心呵護的表現？」

聰明的父親將兒子的權利藏在遺囑中，若不是老師冷靜分析，男孩恐怕無法發現其中的「弦外之音」。

一個巧思保護兒子，正是一個猶太父親人生睿智的累積。對照兒子聽聞時的誤解與不滿，我們也看見了自己處事的盲點，我們經常只關照自己的一時情緒，卻忘了考量對方之所以如此處置的理由。一旦別人的表現未如預期，便直斥其中的不是，總是忘了替對方想想，其中或者另有隱情。

想學習弦外之音的隱藏計巧，不如學會分辨人們話語中的眞正意思，就像故事中的男孩，若不是老師提醒，恐怕要失去父親留給他的一切財富。

聽懂弦外之音也是人際溝通中的一環，不僅有助於人際關係的建立，更重要的是，因爲能聽懂別人的話語，並讀出對方話裡的言外之意，能讓我們比別人早一步搶得先機。

越沒有漏洞，越容易成功

不是完全專注於一件事物上就能獲得成功，因為每個人的思考或視線都一定會有盲點或死角。

做人做事多一點心眼，才會多一點勝算。

有點心機並不算卑鄙，關鍵在於，你是用心機來保護自己，爲自己創造機運，還是將心機用來陷害別人。如果你懂得善用心機來提防生活中可能出現的漏洞，就越容易獲得自己可望的成功。

不論一張網子怎麼編織，始終都有漏洞，只是洞的大小不同罷了。就像生活中，不論我們怎麼小心謹慎，總難免會有看走眼的時候，也難免被壞人矇騙。只是不管事情後續怎麼演變，都要記取教訓，都要積極負起補救的責任。

有個形跡可疑的人開著車來到邊境，哨兵見狀立即迎上前去，其中一名哨兵在檢查行李箱時，發現有六個接縫處鼓得緊繃繃的大袋子。

哨兵立即斥聲問道：「裡面裝了什麼東西？」

「泥土。」司機答道。

「把袋子拿下來，我要檢查。」哨兵大聲命令著。

這個人便乖乖地將袋子全搬了出來，果真袋子裡面除了泥土之外，就沒有發現其他可疑的東西了。

雖然哨兵心中存疑，但是在找不到證據的情況下，只好讓他通行。

一個星期後，這個人又開著另一輛車來到了邊界，同一名哨兵再次上車仔細檢查他的行李箱。

「這次袋子裡面裝了什麼啊？」哨兵問道。

「土，又運了一些土。」那人回答。

哨兵仍舊不相信，再次要求對那些袋子進行檢查，結果仍然一無所獲。

相同的事情幾乎每週都要重演一次，一直持續了六個月後，哨兵實在被煩擾得灰心喪氣，最後竟辭職了。

後來，有一天深夜，這個離職的哨兵湊巧在酒吧裡遇見了那個運送泥土的人，只見他渾身酒氣的模樣走了進來。

哨兵忍不住上前問他：「老兄，你能不能幫我解決一道難題？今晚你喝的酒全部由我請客，只要你告訴我，那段時間內你到底在運送什麼東西？」

那個人轉身過來，接著便湊近哨兵的耳朵邊，笑嘻嘻地說道：「汽車！」

你是否曾經懊悔地說：「啊！我怎麼沒發現！」或曾驚呼：「咦？怎麼會發生這麼大的漏洞？」

每個人在處事時難免會有一些遺漏，因爲很多人無法以正確的網，網住自己準備捕捉的目標物，就像故事中的哨兵，明明已經對準了其中的問題目標，卻還是讓走私客從他破漏的網眼中一再逃脫。

之所以會發生如此情況，關鍵是因爲頭腦簡單的哨兵始終都盯著車廂上的土堆，視線只網住了車廂上的物件，卻把其他相關的可疑事物，包含車子本身全部遺漏了。

這個走私的壞人無疑替哨兵上了一課，我們也從中獲得了一個另類省思，不是完全專注於一件事物上就能獲得成功。

因爲，每個人的思考或視線都一定會有盲點或死角，如果不想讓這些盲點成爲我們網羅成功的大缺口，除了緊捉住目標物不放外，還要懂得運用眼角的餘光去搜羅其他有助於我們成功達成目標的助力。

每張網都一定會有漏洞，我們要依據目標身邊的雜質大小，聰明地選擇洞的大小，如此一來，我們才能把那些無用的雜物一一篩除，讓最終的目標物更加明確清晰。

感謝壞人送給你的機運

事情都已經發生了，不如動腦想想有何解決之道，或是如何「把壞人變貴人」，也許這將是另一個「弄拙成巧」的奇蹟。

做人做事一定要具備一點心機，方能避開各種陷阱和危機，甚至借力使力，開創自己成功的契機。

從某些名人的成功事蹟中，我們偶爾也會發現，「壞人」有時扮演著相當重要的角色。正因爲他們使壞，才陰錯陽差地製造出一個成功人士。

因此，只要我們學會「把壞人變貴人」的訣竅，那麼在機運降臨的時候，就能藉著「壞人」的力量贏得最後的勝利。

鴻池是日本著名的清酒製造商，不過，剛開始經商之時，只不過是個奔波於大阪和東京間的小商人。

據說他從一個小商販，一舉成爲大富豪，有著一段陰錯陽差的故事。

有一天，鴻池來到酒坊視察工人們的工作情況，沒想到卻發現有個工人正在偷喝米酒，於是走上前去，狠狠地責罵了這個工人一頓，還扣了他半個月的工錢。

但是，這個工人一點也不認爲自己有錯，還辯稱他是要試嚐新釀米酒的滋味，老闆根本就沒有理由罰扣他的工錢。

鴻池看著這個工人的態度和反應，心想：「這傢伙這麼不老實，不宜留在這裡幫忙。」於是，毫不客氣地叫他收拾東西離開酒坊。

沒想到工人遭到解僱，心中十分惱怒，臨走前決定要進行報復。於是，他抓了一把火爐的灰燼，偷偷撒進米酒桶中，然後便開心而迅速地離開酒坊。

當時，日本生產的米酒有點混濁，工人心想，撒進了火爐灰燼，米酒會更加混濁，肯定賣不出去了。

但是，事情卻不像傻瓜想的那樣，隔天鴻池來到放置米酒桶的工作坊查看，卻發現一件從來沒有見過的事。原來，火爐灰燼沉到了酒桶底，而在沉澱物上的酒層，卻變得非常澄清透明。

他知道這一定是離職工人幹的好事，不過當他專注地看著桶裡的清酒時，對於工人蓄意報復的惱怒，忽然全拋到九霄雲外。因爲，他在轉念間想到，如果能把混濁的米酒變成透明的清酒，一定會非常暢銷。

於是，鴻池立即把爐灰澄清酒品的新發現，拿來做清酒的研究和實驗。經過多次改進和試驗，終於讓他發明了一種高效實用的濁酒清化法。他將這個新酒品命名爲「日本清酒」，還推出這了這麼一個廣告：「喝杯清酒，交個朋友。」

清酒上市後，消費者的眼睛爲之一亮，各家賓館、飯店紛紛大量訂購，大家更把這個「日本清酒」視爲宴客時必備的酒品。

活在這個全球景氣低迷、痛苦指數居高不下的時代，許多人因爲外在環境不斷惡化而過得更差，但是，也有人踩著「壞人」的肩膀不斷創新，而在不景氣中逆勢上揚。

這個不甘心遭到開除的工人肯定沒有想到，這個報復動作，反而幫了鴻池一個大忙，讓他研發出製造清酒的方法。

當然，如果鴻池只顧著發怒，沒有仔細觀察酒裡的情況，或是沒有想出清酒的賣點，那麼他就無緣「把壞人變貴人」，仍然會與發財的機遇擦肩而過。

這個故事無疑告訴我們，應該睜大眼睛看世界，活化自己的思考能力，不要老是爲了一些芝麻小事動氣。

事情都已經發生了，不如動腦想想有何解決之道，或是如何「把壞人變貴人」，因爲也許這將是另一個「弄拙成巧」的奇蹟。

不要害怕當傻瓜

一個聰明人如果有當傻瓜的勇氣，那麼他更能堅持自己的理想，並且積極地完成目標。

現實生活中，沒有人願意被別人當成傻瓜！

可是，那些最後獲得肯定、得到成功的人，在一開始，往往也是許多「聰明人」眼中愚蠢的傻瓜。

詹姆森·哈代是一個喜歡冒險的人，他周圍的朋友和同事都認爲他是一個滿腦子怪念頭的「傻瓜」。當他發現電影發明的原理之後，便從電影膠卷的轉盤中產生了靈感：他讓膠卷上的畫面一次只向前移動一格，以便老師能夠有充足的時間詳細闡述畫面裡的內容。

這個想法讓哈代受到不少嘲笑，但是他沒有因此退縮，經過不斷地反覆實驗，終於成功地實現了讓畫面與聲音同步進行，創造了「視聽訓練法」。

除此以外，哈代曾經兩度入選美國奧運會游泳代表隊，也曾經連續三屆獲得「密西西比河十英哩馬拉松賽」的冠軍。

哈代在游泳的時候，覺得大家在比賽時使用的游泳姿勢不好，決心加以改變。但是，當他把想法告訴游泳冠軍約翰．魏斯姆勒時，約翰認爲他的想法太過荒唐，於是立刻加以拒絕；另一位游泳冠軍杜克．卡漢拉莫庫也要他不要冒險嘗試，以免不小心在水裡淹死。

當然，哈代還是沒有理會他們的告誡，仍然不斷地挑戰傳統游泳的姿勢，最後終於發明了自由式，並且成爲現在國際游泳比賽的標準姿勢之一。

活在這個「靠銀行，銀行會倒；靠政府，政府會跳票」的年代，想要出人頭地，你就不能害怕「壞人」的嘲笑，而且還必須具備一些做人做事應有的智慧和心機，鍥而不捨地爲自己創造成功的機會。

不論你設定什麼目標，都得審時度勢，然後運用腦力幫自己達成目的。

歷史上有許多著名的成功人物，都是因爲不怕被別人當成傻瓜，所以才能成就一番事業的。

總是被別人看成聰明人當然很好，可是一個聰明人如果有當傻瓜的勇氣，那麼他更能堅持自己的理想，並且積極地完成目標。

用別人的錯誤當作成功的基石

要想成功，除了埋頭苦幹以外，也別忘了抬起頭來看看四周，讓那些「壞人」的錯誤，成為你成功的基石。

想從芸芸眾生中脫穎而出，比別人早一步成功，你必須同時具備做人與做事應有的應變智慧，把別人的失敗當成自己的借鏡。

想減少錯誤的發生，不妨多看看別人的失敗經驗吧！

如果已經有一個不良示範呈現在你眼前，那麼你重蹈覆轍的機會便能減少許多。

美國成功學大師安東尼．羅賓在接受媒體訪問時，曾經提到爲什麼他能嚴厲拒絕煙酒和毒品的原因。

安東尼．羅賓說，並不是因爲他夠聰明，而是他比較幸運罷了。他之所以不喝酒，是因爲在他還是個孩子時，曾看到家中有人因爲喝醉而吐得一塌糊塗，那種痛苦的模樣留給他極深刻的印象，從此讓他知道喝酒實在不是一件好事。

除此之外，他有一位好友的母親，大約有兩百公斤重，每當她喝醉時就會緊緊地抱著他，他的臉上和身上都會沾滿她的口水。

這些經歷讓他對酒深惡痛絕，一直到現在，只要聞到別人嘴裡所呼出的酒氣，他還是會覺得很不舒服。

也由於類似的經驗，使他沒有染上吸毒的壞習慣。在他就讀小學三年級時，有一次警察到學校來，放映一部有關吸毒的影片。片中人物在吸毒後神志不清，於是瘋狂跳樓，死狀十分恐怖。

一直到現在，那部影片他依然記得一清二楚，於是他就把吸毒、變態及死亡聯想在一起，這使他日後連嘗試的念頭都不敢有。

所以，並不是他聰明才知道這些壞習慣的可怕，而是有幸在很小的時候就有人告訴他，染上這些壞習慣的可怕後果。

電光石火般的人生太過短暫了，而我們想達成的願望卻是那麼多，因此必須把別人當成借鏡。成功者之所以能夠成功，關鍵就在於競爭過程中，懂得借用別人的經驗和教訓，然後設法爲自己製造最有利的條件。

如果已經有人把犯錯的後果呈現出來，但是你仍然想嘗試的話，那麼你注定不會成爲一個有所作爲的人。

因爲，你不但不肯花時間做其他有意義的事情，反而寧願花時間繼續犯錯，長久下來，你又有多少時間可以反省和悔改呢？

要想成功，除了埋頭苦幹以外，也別忘了抬起頭來看看四周，讓那些「壞人」的錯誤，成爲你成功的基石。

從抄襲中尋找成功的機會

只有從抄襲之中找出新的方向和點子，成功的機會才會源源不斷地出現在你身邊。

華爾街有句流行警語這麼說：「人總是不停地淘汰過時的機器，卻忘了淘汰過時的腦袋。」

現代社會進步快速，競爭的激烈程度也與日俱增，在這個講求速度和能力的時代裡，不思變通只會增加自己被淘汰的機率。

三個經濟學家和三個數學家一起坐火車旅行，數學家乖乖地買了三張票，但這三位經濟學家卻只買了一張票。

數學家不禁納悶地問經濟學家：「三個人怎麼可以只買一張車票？這樣會被罰款的！」

這三位經濟學家只是笑笑，並沒有回答。

等到查票員準備進車廂查票時，三個經濟學家便一起躲進洗手間，當查票員敲門時，經濟學家沒有開門，只是從門縫裡將車票遞出來。

查票員看了看車票之後，就繼續到別的車廂查票去了。

數學家們一看，覺得這眞是個好辦法，回程時也如法炮製，只買了一張票。但是這一次，三個經濟學家卻連一張票也沒有買。

「你們這次怎麼一張票都不買？」數學家們百思不解地問，經濟學家們仍然只是笑而不答。

當查票員準備查票時，三位數學家依樣畫葫蘆地馬上躲進洗手間。

經濟學家們看到數學家都躲進洗手間後，隨即敲了敲門，然後將數學家們遞出來的車票拿走。

活在這個高度競爭的年代，做人做事一定要有一些創意。

想在險惡的人性叢林中求生存，聰明的人考慮問題、制定謀略的時候，一定要兼顧利與害。既要充分考慮到有利的方面，同時也要考慮到不利的一面，保持清醒的頭腦，才不會衍生不必要的後遺症。

一個好的方法，第一次使用時是創意，接下來使用的人就是抄襲了。

雖然社會上的抄襲遠多於創意，不過抄襲也是需要用心的，必須靈活變通，如果只是一成不變地模仿別人的創意，那麼便很容易產生跟故事裡的數學家一樣的情形。

只有從抄襲之中找出新的方向和點子，才不會被「壞人」唬弄，成功的機會才會源源不斷地出現在你身邊。

自我節制，是邁向成功的第一步

如果你想成功，就必須懂得控制自己、懂得抗拒誘惑，那麼你才能循著自己的目標，獲得理想的成果。

人是最喜歡考驗別人的動物，現實生活中這種「壞人」很多，如果你想通過考驗，把他們變成有用的貴人，那麼首先就得學會「自我節制」。

「節制」兩個字說來容易，做起來卻很難，有時候，就算已經提醒自己要節制，但我們還是會不由自主地被外在環境誘惑和影響。

有一個商人，在商店的櫥窗上貼了一張徵人廣告：「誠徵一個能自我克制的年輕人，薪水每星期六十美元。」

這個特別的徵人廣告在小鎮裡引起了討論，也引來了衆多躍躍欲試的求職者，但是每個來求職的人都要經過一個特別的考試。

商人要求求職者必須在他的辦公室裡，毫不間斷地朗讀一段文章。可是，在朗讀開始的時候，商人會放出六隻小狗，小狗們在求職者的腳邊玩鬧，每個求職者都會忍不住地看看這些可愛的小狗，視線一轉移，朗讀就會停止，當然求職者也就失去了機會。

商人前前後後面試了七十個人，卻沒有一個人達到標準。最後，終於出現了能一口氣讀完的求職者。

商人很高興地對這位求職者說：「我想你應該知道有小狗存在。」

求職者點點頭，並且微微一笑。

「那麼，爲什麼你不看牠們？」

求職者回答：「因爲我說過，我會毫不停頓地讀完這一段。」

商人讚賞地點點頭說：「你錄取了。我相信，你以後一定會成功的。」

商人說得沒錯，這個年輕人日後果然成爲了著名連鎖企業的經營者。

在這個人人都想出頭的年代，人往往會處心積慮地塑造自己，試圖以完美的形象與表現出現在公衆面前，讓人無法立即透視。但是，不管再怎麼會製造假象，有些喜歡考驗別人的「壞人」就是能透過各種方法了解眞相。

因此，不論是求職，還是有求於人，你都必須時時自我節制，才不會在面對考驗之時被人看破手腳。

我們經常可以看到打架鬧事、酒醉駕車等醜態百出的新聞，這些都是因爲不懂得節制才會造成的後果。

一個知道節制的人不會做出越矩的事，更不會因爲一時的誘惑而破壞原本的計劃，所以，如果你想成功，就必須懂得控制自己、懂得抗拒誘惑，那麼你才能循著自己的目標，獲得理想的成果。

適時切斷自己的慾望

只有聰明的人，才懂得在適當的時候切斷自己的慾望，而且只有適時地切斷自己的慾望，你才能達成更多的願望。

每個人都會有慾望，不論是名還是利，總是希望越多越好。雖然慾望是讓人奮發向上、勇往直前的動力，但是，慾望要是太超過了，就會變成貪婪。如果什麼都想要，貪得無饜的結果，反而會讓自己落得什麼都沒有的下場。

有一個神仙下凡閒遊的時候，正好遇見一個凡人在趕路，於是便與這個凡人結伴同行。凡人走到一半時突然覺得口渴，見這位同伴的腰間掛著一個葫蘆，於是便開口問道：「你的葫蘆裡面有沒有裝水？」

神仙慷慨地解下腰間的葫蘆，遞給凡人說：「這裡有滿滿一葫蘆的水，你要喝就儘管喝吧！」

凡人喝了葫蘆裡的水之後，不但止了渴，還覺得精神百倍，趕路的疲勞似乎都消除了。又走了一會兒，凡人突然異想天開地看著葫蘆說：「要是你的葫蘆裡裝的是酒，不知該有多好！」

神仙笑了笑，又把葫蘆遞給了凡人，說道：「裡面是滿滿一葫蘆的酒！你想喝就喝吧！」凡人半信半疑地接過葫蘆，一喝之下，發現裡面的水竟然都變成了酒，而且香醇無比。

凡人非常驚訝，心裡暗自想道，自己一定是遇上神仙了，不然怎麼可能要什麼有什麼呢？凡人發覺了這一點，很高興地對神仙說：「你的葫蘆裡要是裝著可以長生不老的仙丹，該有多好！」

神仙聽了凡人的話，便笑著打開葫蘆的塞子。凡人以爲神仙要把仙丹倒進自己的口中，便張開嘴等著接，沒想到神仙什麼也沒有倒出來，只是搖了搖葫蘆，就這麼消失蹤影了。

俄國文學家克雷洛夫曾經在預言故事中說：「貪心的人想把什麼都弄到手，最後結果卻是什麼都失掉了。」

只有聰明的人，才懂得在適當的時候切斷自己的慾望。

當然，所謂的切斷，並不表示你必須就此放棄，而是要你換個恰當的方法來達到目的。就像故事中的凡人，如果不是那麼急躁地要得到長生不死的仙丹，神仙也不會覺得他貪得無饜，這麼快地消失。

做事時也是如此，循序漸進一定比毛毛躁躁來得穩當，只有適時切斷自己的慾望，你才能達成更多的願望。

別讓「優勢」成為鬆懈的藉口

如果優勢不能成為助力，反而會成為阻力的話，那麼這項優勢也失去了意義，只是一個虛有其表的裝飾品罷了。

要得到競爭的優勢，對現代社會來說，並不是非常困難的事，尤其科技的發達，讓訊息和資源的取得都變得比以往要容易。

但是，即使擁有了優勢，也不保證接下來就會一切順利。有時候，優勢反而會讓自己開始疏忽、大意，變成絆腳石。

有三個旅客同時住進了一家旅店。早上三個人要出門的時候，第一個旅客帶了一把傘，第二個旅客拿了一根拐杖，第三個旅客則什麼也沒有帶。

回來的時候，第一個帶著傘的旅客居然全身都溼透了，第二個拿著枴杖的旅客則摔得滿身是傷，而第三個什麼都沒帶的旅客，卻平安無事地回來了。

旅店老闆覺得很奇怪，便問第一個旅客說：「請問你爲什麼全身溼透了呢？你不是有帶傘嗎？」

第一個旅客回答說：「因爲我拿了傘，所以下雨時，我毫不在乎地快步向前走，沒想到卻被地上的積水弄得全身都濕透了。」

老闆接著問第二個拿枴杖的旅客說：「你爲什麼摔得全身是傷呢？」

第二個旅人回答道：「因爲我拿了枴杖，所以在泥濘的路上我就拄著拐杖快步走，卻因爲地上太滑，枴杖撐不住而摔跤。」

第三個旅人聽完前面兩人的話，不等老闆開口便說道：「我之所以平安無事，是因爲雨來的時候，我就去躲雨；路不好走時，我就小心地慢慢走。」

日本心理學作家邑井操，在《決斷力》一書中寫道：「一個成功者之所以與一般人不同，就在於他能夠在勝負未分之前，對自己的應變能力充滿信心，然後去謀取獲得勝利的條件。」

至於失敗者之所以失敗，往往就是引用錯誤的情報錯估形勢，或者昧於知人，喜孜孜地把別人包藏禍心的建議，當成對自己有利的忠言，事前既不查證，事後又對自己的失敗感到莫名其妙。

如果你的優勢反而讓你鬆懈的話，那麼這種優勢還不如不要！

優勢只是幫助你節省時間的工具而已，它需要運用，功能才會出現；如果這項優勢非但不能成爲你的助力，反而會成爲你的阻力的話，那麼它就失去了原有的意義，只是一個虛有其表的裝飾品罷了。

換個角度，就會更加突出

樂觀的人，可以在每個憂患中看到機會；但悲觀的人，卻只能在每個機會中只看到憂患。

很多人因爲了找不到商機而唉聲歎氣，卻不嘗試換個角度觀察市場，洞悉消費者的需求，當然找不到成功的契機。

市場不僅是由消費者組成的，還包括了這些消費者的需求。有需要，才會購買，所以只要掌握了消費者需求，就一定有辦法創造商機。

有一位老人對他的兩個兒子說：「你們的年紀也不小了，也該到外面去見見世面了，等你們磨練夠了之後，再回來見我吧！」

於是，兩個兒子遵從父親的囑咐，離開家鄉到城市裡開開眼界。沒想到才過了幾天，大兒子就回家了。

老人看到大兒子回來，有些驚訝地問他說：「怎麼回事？你怎麼這麼快就回來了呢？」

大兒子很沮喪地回答：「爸爸，你不知道，城市的物價實在高得太可怕了！連喝水都必須花錢買，在那裡怎麼生活得下去呢？很多人賺的錢都還沒有花的多呢！」

過了幾天，二兒子打了一通電話回來，興奮地對父親說：「爸爸，城市裡到處都是賺錢的好機會！連我們平常喝的水都可以賣錢！我決定留在這裡好好地開創一番事業。」

過了幾年，因爲二兒子看準了城市中飲用水的商機，並且掌握了大部分礦泉水和蒸餾水的行銷管道和市場，所以很快地佔領了水的市場，成爲數一數二的富豪。

活在危機四伏的年代，我們面臨的競爭環境比以前任何時代都要激烈萬分。如果你不設法讓自己更積極一點，更樂觀一點，就無法找到新的切入點，就只能在不景氣的洪流中載浮載沉。

任何地方都會有市場存在，只是你能不能看到這個市場的潛在需求到底在哪裡。

有句俗話說：「樂觀的人，可以在每個憂患中看到機會；但悲觀的人，卻只能在每個機會中只看到憂患。」

商機是無所不在的，只要換個角度、換個心態，你就能看到別人所看不見的商機，掌握需求，你就可以異軍突起。

要有坦然接納缺點的勇氣

熟諳人性的人，通常會想方設法投你所好，如果你不想讓那些「好人」有可乘之機，就必須勇於認清自己。

了解自己的缺點容易，但要接受自己的缺點，可就沒有這麼容易了。只要稍微有一點反省能力的人，都可以輕而易舉地知道自己的缺點，但是知道以後呢？知道後要能夠坦然接受自己的缺點，並且面對殘酷的現實，那可就需要許多勇氣和智慧了。

阿傑在一次車禍中不幸失去了兩隻耳朵，但卻因此得到一大筆保險賠償金。經過治療出院後，阿傑利用這筆保險金開了一家公司，生意越做越大，事業也蒸蒸日上。可是，阿傑十分在意自己沒有耳朵的怪模樣，所以每當他在面試新人時，只要對方露出一點異樣的眼神，阿傑就會大發脾氣。

某一次，阿傑在一天之內連續面試了三個新人。

第一個應徵者是一名老實的書呆子，阿傑問完所有一般性的問題後，認爲這個人頗有潛力，便按照往例繼續問他：「你會不會覺得我的臉上有什麼地方跟別人不一樣？」

書呆子畢竟是書呆子，不疑有他，想也不想便老實地回答：「有啊，你沒有耳朵。」

這立刻引起阿傑強烈的反感，馬上將他掃地出門。

第二個前來面試的是一名反應機伶的年輕人，阿傑對他的表現也非常滿意，可是就在閒聊時，年輕人忍不住開口問：「不好意思，我很好奇你的耳朵究竟是怎麼一回事？爲什麼那麼剛好兩邊都沒了呢？」

這句話直接命中阿傑要害，那名年輕人結果也不得善終。

等到第三個應徵者進門後，阿傑基於前兩次不愉快的經驗，乾脆直接問這名應徵者：「看看我的臉，你有沒有看到什麼不一樣的地方？」

這個人仔細端詳阿傑的臉，回答道：「我看到你有戴隱形眼鏡。」

阿傑對這個答案感到非常滿意，很欣慰這個沒有注意到他缺陷的人，便很高興對他說：「是啊，我戴了隱形眼鏡，但你是怎麼知道的呢？」

只聽那人低聲說：「你那個沒耳朵的模樣，能戴普通眼鏡嗎？」

格朗熱曾經這麼說：「我們明知諂媚是穿腸毒藥，但是，它的芬芳仍然使我們陶醉。」

「諂媚」確實是人性市場的終極武器，否則就不會有那麼多人明知沒有比「諂媚」更危險、更虛假，卻仍然樂暈暈地被諂媚的人牽著鼻子走。

熟諳人性的人，通常會想方設法投你所好，最後讓你被他出賣掉，還以爲他是一個不可多得的「好人」。

如果你不想讓那些「好人」有可乘之機，就必須勇於認清自己。

世界上沒有十全十美的人，一個人有缺點，是無可厚非的事。但是，一個人不知道自己的缺點，是不夠聰明；一個人知道自己的缺點但不肯接受，是不夠勇敢。

人要接受自己的缺點，才能自在地和這些缺點共處。

人要接受自己的缺點，才能用寬廣的胸襟去看待別人的缺點。

人要接受自己的缺點，才能眞正喜歡自己、接納自己，不再靠那些阿諛諂媚的假話過日子。

PART 08

讓「偽善」發揮最強的力量

千萬別忽略「偽善」的力量，
只要運用得宜，
它不只能幫助你抬高身價，
還能讓你獲得更多的喝采。

我們都能用自信來創造機會

因為對自己缺乏信心，或對成功充滿疑慮，最後在猶豫與自我否定的氣氛中，促成了對手的成功機會。

出色的創意經常是成功者的致勝關鍵，然而，在這些點子的背後，其實還有一個更重要的組成要素，那正是成功者的自信。

換句話說，能讓目標成功的眞正保障，不是這個創意思考有多吸引人，而是藏在創意裡，那份自信心所發出來令人激賞的光芒！

波爾格德是某位石油企業家的兒子，一九一四年中，從英國回到了美國，並接下石油開採的工作，要好好地幫助父親發展石油業。

有一年，奧克拉荷馬州有個石油井招標，由於參與投標的企業家相當多，其中不乏資本額雄厚的公司，競爭十分激烈，而波爾格德此時正巧成立一間石油公司，但一切都剛剛起步，資金方面並不充足。

「我恐怕不是他們的對手，要怎麼辦才好？」波爾格德苦惱地想了半天，最後總算讓他想出了一個點子。

投標當天，波爾格德借了一套相當名貴的衣服，並約了一位在當地十分著名的銀行家，陪他前往投標會場。

到了會場，波爾格德顯得氣度不凡，而且胸有成竹，再加上身旁那位赫赫有名的銀行家，令在場企業家們都忍不住多看了他好幾眼。

原本躍躍欲試的投標者，看見波爾格德的氣勢如此強盛，個個心中都不禁忐忑不安，再想到他是石油富商的兒子，又有銀行家作參謀，所有人心中竟紛紛響起了這樣一個聲音：「我恐怕標不到了！」

於是，令人意外的景象突然發生，企業家們竟有人開始放棄、離開，即使留下來的人也懶得競價了。

結果，波爾格德只以五百美元的低價，輕易地拿到了開採權，他笑著說：「沒想到竟然能唬過他們！」

四個月後，波爾格德得標的那個油田，開採出極優質的石油原料，讓他在這個油田上獲得龐大的利潤。

在巧思經營與眼光獨到的能力下，一九一七年六月，二十三歲的波爾格德就已成爲擁有四十家石油公司的富翁。

馬基維利在《君王論》中說：「為了察覺圈套，你必須變成狐狸；為了嚇跑豺狼，你必須變成獅子。」

許多人在人生的旅程中遭遇失敗，並不是他們能力不足，或是眞的時運不濟，而是欠缺應有的心機，被迂腐的價值觀念、行爲規範和思考模式束縛。自欺欺人的結果，既看不出眼前四伏的危機，也無法適時掌握成功的契機……

在變動不羈的人生旅程中，我們無法預知什麼時候會被出賣、會被陷害，唯一能做的只是讓自己保有一些心機，避開各式各樣的陷阱和危險，儘快尋找到成功的契機。

因爲看透人們心理的弱點，聰明的波爾格德只用自我包裝的手法，便唬過了其他實力雄厚的投資者，這不代表波爾格德行事不夠光明，只是大多數人對自己太沒自信了。

在競爭激烈的現在社會中，所謂的創意點子或是僞裝技巧，只不過是整件事中的一小部份。事實上，這些成功的助力與扭轉結局的關鍵力量，正是故事中的其他投標者。

眞正幫了對手大忙的功臣，其實是他們自己。

他們因爲對自己缺乏信心，或對成功充滿疑慮，最後在猶豫與自我否定的氣氛中，促成了對手的成功機會。

仔細想想，你是否發現自己也曾有過這樣的念頭：「看看人家，他一定比我優秀，我一定又要被淘汰了。」

這個念頭出現之後，你便眞的被淘汰了，其中原因並不是因爲對方太強，而是你在賽事還未開始之前就自願放棄了。

看清楚故事中的旨意了嗎？

在我們學會以包裝欺敵之前，別忘了，先紮實地建立起你的自信心！

讓「偽善」發揮最強的力量

千萬別忽略「偽善」的力量，只要運用得宜，它不只能幫助你抬高身價，還能讓你獲得更多的喝采。

美國作家愛默生曾說：「成功者並非比失敗者有腦筋，只不過他們比失敗者多了一點心機。」

想要比別人更快出人頭地，很多時候必須運用一些必要的手段；只要不是心存惡念，有點心機，其實稱不上卑鄙。

很多人會認爲「僞善」是一種壞習慣，但是別忘了，生活中到處充斥的高尚行爲，有時候也是一種僞善。

所以，只要運用得宜，適時的「僞善」也可以成爲一種武器。

二〇〇〇年時，在曼徹斯特舉行的英格蘭超級足球聯賽中，有一場比賽是埃弗頓隊對上西漢姆聯隊，比賽的過程十分激烈，在最後一分鐘時，場上的比數仍然處於一比一平手的情況。

但是，在這個緊要關頭時，埃弗頓隊的守門員傑拉德因爲不小心在撲球時扭傷了膝蓋，瞬間倒地不起，於是，球就這樣落在潛伏在禁區的西漢姆聯隊球員迪卡尼奧的腳下。

球場上沸騰的氣氛頓時安靜了下來，迪卡尼奧這時離球門只有十二碼，在這樣近的距離下，不需要任何高超的技術，只要施一點小力，就可以從容地把球踢進沒有守門員的球門裡，而西漢姆聯隊也就能以二比一的比數獲得勝利了！

反觀埃弗頓隊，在這場比賽之前，已經連續敗了兩場，只要這個球一進，就落入了「三連敗」的命運。

現場數萬球迷都等著看迪卡尼奧會怎麼做。

在衆目睽睽之下，迪卡尼奧並沒有踢出「致勝的一腳」，反而彎下腰來，把球穩穩地抱在懷中。

這個舉動讓全場因太過驚訝而出現了片刻沉寂，接著全場爆出了如雷的掌聲，讚美迪卡尼奧這個不願意乘人之危的高尚行爲。

深諳人性心理的人，總是能夠審時度勢，抓住週遭的人或事發動攻勢，不用大費周章就輕而易舉地爲自己贏得掌聲。

這一球，並不需要什麼高難度的技巧，即使迪卡尼奧踢進了這一球，也不見得能提昇自己多少名氣，只不過贏了一場球，所以他選擇不踢，逆向操作的結果，反而讓自己聲名大噪。

有時候，適時的「僞善」行爲，的確能讓人贏得更高的評價。千萬別忽略「僞善」的力量，只要運用得宜，它不只能幫助你抬高身價，還能讓你獲得更多的喝采。

待人接物要懂得靈活變通

雖然我們每天要面對的事情很多，但總離不開待人接物，只要能學會圓融的處世態度與方法，再麻煩的人和事都一定能輕鬆解決。

想圓融處世，獲得最後的成功並不難，難的是你不願打開心扉與那些你認定是「壞人」的人溝通。

所以，達賴喇嘛曾說：「人與人之間的重重藩籬，問題不在別人而是自己，因為這個藩籬是我們自己建的！」

曉亞在朋友的介紹下，來到一間皮鞋店工作，只是上班的第一天，她便碰上了一個非常挑剔的客人。

這位穿著十分摩登的女孩，皮鞋穿過了一雙又一雙，卻始終都不滿意，而耐心的曉亞則一直都帶著親切的笑容，未露一點慍色。

這會兒她拿來了一雙十分新潮的皮鞋，女孩穿上鞋子時，曉亞立即誇讚說：「小姐，這款式很適合妳喔！妳看，穿在妳的腳上多麼漂亮啊！」

女孩側著身，仔細地看著鏡裡的自己，接著滿意地說：「好，這雙鞋我買了，多少錢？」

「三百八十元。」曉亞親切地說。

女孩面孔依然冷冷的，然而就在她打開錢包時，眉心突然一皺：「糟了，我的錢不夠耶！我這裡只有二百五十元，這樣吧！我先付二百五十元，明天再把其他的拿來給妳，好嗎？」

曉亞一聽，連忙點頭說：「好！」接著，她拿出了單據，上面寫下了：「鞋一雙，已付二百五十元，尚欠一百三十元整。」

「麻煩您簽名一下！」曉亞將收據拿給了女孩簽名。

女孩先是一愣，接著則爽快地簽下了「施娜」二個字。

曉亞接著便將已包裝好的鞋子拿給女孩，這一切正巧被老闆看見了。

他關心地走過來問曉亞：「那個人是妳朋友嗎？」

曉亞搖了搖頭：「不是，我不認識她。」

老闆一聽，臉上立即滿佈怒火：「那妳怎麼可以讓她賒帳呢？妳確定她還會來付錢嗎？」

沒想到曉亞竟笑著說：「會！因爲，那盒子裡裝的都左腳，所以她明天一定會回來換鞋！」

老闆聽見曉亞的妙計，忍不住豎起了大拇指：「聰明！」

不論是ＩＱ或是ＥＱ，曉亞都表現得十分精采，面對顧客的挑剔，仍能耐心接受並微笑以對的服務態度，當然能擄獲消費者的心。

雖然最後被別有居心的顧客擺了一道，但機智的曉亞仍然牢牢地將主控權抓在手中，反將了客人一軍。

在待人處事上，我們是否也能像曉亞一般，不論遇見什麼樣的狀況，皆能把握主導權，並能圓融且輕鬆地解決每一件事呢？

人與人之間的關聯與糾結，不管問題多麼簡單，我們都經常深陷在人事的困擾中，也讓原本簡單的事件變得越來越複雜。

千萬別輕忽了待人接物的重要性。它看似簡單，事實上卻是我們一生中是最困難的課題，許多人走過了大半人生，都還不一定懂得把壞人變成貴人。

有點心機不算卑鄙，就讓生活多轉幾個彎吧！

在轉彎時，別忘了讓自己在這些個彎角透一透氣，雖然我們每天要面對的事情很多，但總離不開待人接物，只要能學會圓融的處世態度與方法，再麻煩的人和事都一定能輕鬆解決。

自以為是，會妨礙你的前途

每個人都有不同的優點和特質，學著看對方的優點，總比心高氣傲，為自己樹立更多敵人要來得有建設性！

詩人薩克雷曾經說過：「假如你不懂得如何看待身邊那些小人物，那麼，你一定不會成為智者。」

在人際關係中，最大的錯誤就是看不起別人。這種自以爲是的心態，不但會爲自己樹立敵人，也可能切斷自己的發展前途。

維斯卡亞公司是美國八〇年代最著名的機械製造公司，不但產品銷售全球，而且也是重型機械製造業的龍頭。

這個公司是許多大學生夢寐以求的第一志願，儘管技術人員早已爆滿，沒有空缺，不過仍然有很多畢業生希望能進入這家公司工作。

詹姆斯就是其中之一！他和許多人一樣，在公司每年舉辦一次的徵才上遭到拒絕，不過他並沒有放棄，下定決心一定要進入這家公司工作，想出了一個很特別的辦法。

詹姆斯到人事部，向人事部經理提出請公司讓他來工作的要求，任何工作都無所謂，甚至連薪水都不需要。公司起初覺得這個提議很不可思議，但因爲考慮到不用付薪水就有人願意做事，於是便答應了詹姆斯的要求，派他去打掃工廠。

就這樣過了一年，詹姆斯每天勤奮地重複這種簡單但勞累的工作，爲了生活，下班後的他還得去酒吧打工。

在公司裡，就算許多工人任意地使喚他，詹姆斯也毫不介意。他的工作態度雖然慢慢地獲得人事部經理的好感，但是仍然沒有錄用他的打算。

一九九〇年初，維斯卡亞公司面臨了訂單被退回的危機，退回的理由都是產品品質有問題。

董事會緊急召開會議，可是卻沒有人提出解決的方法，就在這個時候，詹姆斯要求參加會議，並且說自己有解決的方法。

在會議中，詹姆斯把問題出現的原因詳細地做了解釋，還就工程技術上的問題提出了自己的看法。

接著，他拿出了自己的設計圖，這個設計非常先進，不但保留了原來機械的優點，同時也克服了已經出現的弊病。

原來，詹姆斯利用清潔工可以到處走動的這個優點，仔細察看了公司各部門的生產情況，並且一一做了詳細的記錄；他不僅發現了問題所在，還想出了實際的解決辦法。

董事們見到這個清潔工竟然有這麼大的本事，馬上詢問他的背景以及現況，經過董事會表決之後，詹姆斯立刻被聘請爲負責生產技術問題的副總經理。

看看詹姆斯的例子，千萬不要感到驚訝，在這個瞬息萬變的社會，今天的清潔工，也許明天就是你的頂頭上司。

那些你原本不放在眼裡的人一旦超越了你，就算他不跟你計較，你還是得花更多的時間才能彌補之前所犯的錯誤。

所以，與其浪費時間來彌補可能再也補不好的嫌隙，還不如平時就學習謙虛待人。每個人都有不同的優點和特質，學著看對方的優點，總比心高氣傲，爲自己樹立更多敵人要來得有建設性！

批評你的人，不一定是壞人

如果沒有勇氣面對外在的批評或打擊，那麼怎麼能夠從競爭激烈的環境中脫穎而出呢？

沒有人喜歡被批評，無論是私底下或是公開場合，遭到批評總是一件令人難堪的事。可是，批評無疑是一個人精益求精的動力，如果你的周圍沒有一個人批評過你，這並不表示你就是個優秀的人，而是說明你根本不值得別人批評，或是沒有接受批評的雅量而已。

懂得把批評自己的人，當成讓自己精益求精的貴人，才能更加成功。

艾列克在大學主修音樂，每天練習超過八個小時，同學們都對他這種對音樂的執著感到相當佩服；由於在校的成績相當優異，畢業之後，他如願以償地申請到獎學金繼續深造。

過了一段時間之後，艾列克的大學同學偶然在路上遇見他，發現整個人都變了，從以往的神采飛揚，變得十分低沉消極。原來，艾列克雖然申請到最好的音樂學院的獎學金，但是只讀了八個月就輟學了。

他之所以決定輟學，主要原因是音樂學院的環境和大學大不相同，聽他演奏的對象並不是一般人，而是擁有專業音樂素養的精英，同時還得接受各種不同的批評。這些批評有的很中肯，有的卻是惡意中傷。艾列克沒有辦法承受這種種的批評，開始一蹶不振。

艾列克非常沮喪，不管親朋好友怎麼勸導，都無法讓他釋懷。

後來，艾列克決定回大學去拿教育學位，改行當音樂老師，但是因爲他已經對音樂失去信心，所以當了老師，同樣不熱衷於教學，慢慢地，就這樣放棄原本深愛的音樂了。

有位哲人說過一句值得我們深思的話語：「人應該為自己的理想去獻身，而不是為別人的言語去送死。」

想要達到自己的終極目標，就要有不顧一切奮力向前的積極精神，更要把批評自己的「壞人」當成激勵自己的貴人。

如此一來，你的精神狀態才會變得積極昂揚，勇於面對各種挑戰與考驗。

由於沒有接受批評的勇氣，所以許多人放棄了自己的夢想。

由此可見，要成爲一名成功人物，除了立定目標之外，勇氣也是不可或缺的條件。如果沒有勇氣面對外在的批評或打擊，又怎麼能夠改善自己的不足，從競爭激烈的環境中脫穎而出呢？

不要遭到反駁就退縮

想要讓別人了解自己，首先就必須讓對方明白自己的想法，不要擔心別人的反駁或質疑，因為只有反駁和質疑才能讓原來想法中的瑕疵消失。

每個人都有自己的看法或意見，也有自己的價值判斷，但卻不是每個人都「敢」表達自己的想法或意見。

要是你連自己的想法都不敢說出口，那麼你如何有勇氣面對困難，如何能創造機會，進入成功的殿堂？

有一個學生考上了英國牛津大學的博士班，但是這個學生卻在參加口試的時候，因爲教授質疑她的研究計劃，而和教授展開激烈的辯論。

教授大聲地說：「妳的研究計劃包含了不下十個錯誤，根本就不是一個合格的研究計劃！」

學生也不甘示弱地反駁教授：「這只能表示我的研究計劃不成熟，並不表示這個計劃不合格！如果您能接受我成爲您的學生，我有信心，一定可以把這個計劃執行得盡善盡美。」

教授很生氣地說：「難道妳要我指導一個反對我理論的學生嗎？」

學生回答：「坦白說，教授，我就是這麼想的。」

口試結束後，學生心裡想：「牛津大學應該不會錄取我了。」於是，垂頭喪氣地坐在門外等候通知。

沒想到，助教在宣佈錄取名單時，竟然出現了這個學生的名字。

名單宣佈完後，教授當著衆人的面對她說：「孩子，雖然妳罵了我兩個小時，但是最後我還是決定錄取妳。我要妳在我的指導下反對我的理論，這樣一來，如果事實證明妳是錯的，我會很高興；如果證明妳是對的，我會更高興。」

法國文豪雨果在《笑面人》裡寫道：「打破一切成規，蔑視一切守則，敢做敢為敢破壞，這就是真正的生活。」

眞正聰明的人，總是勇於挑戰權威，不會遭到反駁就退縮。

正因爲如此，他們往往能明白闡述自己的想法，將那些看似凶神惡煞的「壞人」變成生命中的貴人。

想要讓別人了解自己，首先就必須讓對方明白自己的想法。

不要擔心別人的反駁或質疑，因爲只有反駁和質疑才能讓原來想法中的瑕疵消失。而且，就算說明想法之後還是無法得到認同，至少你努力過，也證明了你不是個遇到困難就退縮的人。

從別人的眼中發現自己的不足

瞭解別人的看法並不等於是接受別人的束縛，而是藉由別人的眼光來發現自己的不足，並且讓自己更有進步的空間。

英國有句諺語說：「猴子戴上了人的面具，才更顯示出他是獸類。」

在這個充斥著假面舞台的社會裡，許多偽善的人，喜歡用道貌岸然的外表，來掩飾他們內心的醜陋。想在競爭激烈的現實社會存活，每個人都必須看透人性的黑暗面，試著瞭解和你打交道的是什麼樣的人。

有一個少年到一座農場去應徵，農場主人看到少年，便問他說：「你想在我的

農場工作是不是？」

「是的，先生。」少年畢恭畢敬地回答。

農場主人接著問：「那麼，你可不可以拿出一張證明書，來證明你是個工作認眞，並且值得信賴的人呢？」

少年回答說：「當然可以！我可以去找雜貨店的老闆邁格斯先生，他以前僱用過我。」

農場主人聽了，說：「那好，你去把邁格斯先生找來，讓我跟他談談。」

少年離開了農場，可是過了一整天，不但邁格斯先生沒來，連少年都沒有再回到農場。農場主人覺得很奇怪，於是第二天一早便到鎮上找那個少年。

農場主人看到少年，便開門見山問他說：「你昨天爲什麼沒有把邁格斯先生帶來農場呢？」

「很對不起，」少年跟農場主人道歉：「因爲我沒有要求他到農場去。」

「爲什麼？」農場主人疑惑地問。

「啊！那是因爲他跟我說了有關你的事。」

作家米爾頓曾經說：「人和天使都不善於識別偽善，因為，偽善是包裝精美的罪惡，有時候，連上帝也會上它的當。」

然而，不論如何僞裝，某些不經意的評價還是會洩漏一個人的底細。

這雖然只是一個故事，卻說明了別人對自己評價的重要。即使是與自己不同地位、或是不同領域的人，也不可忽略他們的看法，因爲這些看法或評價都是自己造成的。

人要有自知之明，瞭解別人的看法，並不等於是接受別人的束縛，反而是藉由別人的眼光來發現自己的不足，並且讓自己更有進步的空間。

你有沒有成功的勇氣？

充分了解自己個性是掌握成敗的關鍵，只要能針對自己的缺點改進，那麼原本不屬於你的成功特質，也會逐漸成為你個性的一部分。

成功需要具備許多特質，但這些特質並不一定都是與生俱來，有些是可以靠後天培養的。

其中，最難培養的就是「勇氣」，因爲勇氣是邁往成功的第一步，沒有了勇氣，那麼任何事情也都無法完成了。

莫瑞兒·西伯特常被尊稱爲「金融界的第一女士」，因爲她在紐約的證券交易所裡擁有席位，並且是第一個在交易所擁有席位的女性。而她位於紐約的莫瑞兒．西伯特公司，也是全美最成功的經紀公司之一。

西伯特從小就希望擁有自己的事業，從俄亥俄州到紐約來打天下，剛到紐約的時候，全身的財產只有牛仔褲裡的五百美元。

她在紐約的第一份工作，是在一家經紀公司當一名周薪六十五美元的實習研究員。有一天，西伯特接到一個好消息，一家她曾經寫過報告的公司來電，告訴她因爲她寫的產業分析報告，使他們公司賺了一筆錢，就這樣，西伯特得到了她生平第一份公司訂單。

從此，西伯特的業績開始蒸蒸日上，不過她並不因此而滿足；她一直努力想爭取一家大型經紀公司的合夥資格，卻因爲女性的身分而遭到對方拒絕。

這個打擊讓西伯特明白了一件事：想要在這個男性掌權的環境中生存下去，就必須創立自己的事業。

雖然，當時她連租一個辦公室的資金都湊不出來，只能把別家公司提供的小角落充當辦公室，但她還是決心要放手一搏。

莫瑞兒．西伯特就在這個臨時辦公室裡展開了她的事業。

結果，六個月之後，西伯特就遷出了這個簡陋的辦公室，搬進屬於她自己的辦公室。而且，經過不斷地奮鬥之後，莫瑞兒．西伯特終於成功地建立了頗具規模的企業。

英國詩人白朗寧曾經說過：「胸懷遠大目標，無論達到與否，都會使人的生活充滿意義。」

訂定奮鬥目標之前，一定要先徹底了解自己有沒有充足的準備，並且反覆地檢討自己的優缺點，因爲，未經深思熟慮，貿然的行動，只會讓自己陷入不必要的麻煩中。

其中，充分了解自己的個性是掌握成敗的關鍵，只要能針對自己的缺點改進，那麼原本不屬於你的成功特質，便會在不斷地努力後，逐漸成爲你個性的一部分。

機會就在「麻煩」中

機會往往就隱藏在層層的麻煩之中，如果你想成功，別吝嗇你的時間，只要願意堅持下去，一定能找到成功的契機！

每個人都不喜歡麻煩，也沒有人會自找麻煩，可是麻煩的事情中，卻往往隱藏著成功的契機。

如果沒有那些愛「找麻煩」的人，世界上的成功者也許會因此減少很多。

費爾德是架設海底電纜的創始者，當他決定進行海底電纜這個計劃時，毫不猶豫地把自己所有的財產都拿出來，投資在開發海底電纜上。

爲了尋求國會議員的支持，他在國會議題討論中不知道接受過多少議員的質疑和反對，但是費爾德並不灰心，最後終於獲得國會議員過半數通過支持，讓他的計劃得以執行。

因爲鋪設海底電纜是一項前所未見的工程，所以在第一次架設的時候，就因爲電纜在海裡無法鋪超過五公里而失敗。接下來，他仍然不斷地遭遇到許多慘痛的失敗，但是他一步一步地修正，最後，終於在一八五八年完成了世界上第一條海底電纜。

電纜雖然架設好了，但遺憾的是，只營運了幾個星期就停擺。可是費爾德還是不死心，仍然到處說服投資人，籌集資金準備做最後一搏。

好不容易有公司願意支援費爾德的計劃，但是鋪到兩千四百英哩的地方時，電纜又斷了，一切的努力又付諸流水，損失金額超過六百萬美元。

經過十二年不停地努力，一八六六年七月二十七日那天，終於成功地完成了電纜的工程。第一個透過海底電纜傳來的消息是：「感謝上帝，電纜鋪好了，運行正常。費爾德。」

一味把自己的人生希望寄託在別人身上，不僅僅是危險的行徑，同時也是可憐與可悲的懦弱表現。

遭逢困境或瓶頸之時，必須認清現實，冷靜地分析如何突破，因爲，導致我們失敗的，往往不是困境本身，而是我們面對困境的心理狀態！

眞正聰明的人，總是保持冷靜的心境，讓自己順利突破困境。

有時候，「自找麻煩」反而是讓自己成名的大好機會，因爲大多數人都怕麻煩，所以「自找麻煩」的人反而特別容易引人注意。

機會往往就隱藏在層層的麻煩之中，如果你想成功，別吝嗇你的時間，只要你願意堅持下去，你一定能找到成功的契機！

把學歷轉化成能力

文憑就跟外表一樣，雖然一開始容易吸引眾人的目光，但是沒有缺乏真材實料的內在，也只是無用的裝飾品而已。

現代社會中，學歷的重要性是無庸置疑的，大學畢業也已經成了最基本的標準。但是，如果沒有眞才實學的話，再好的文憑和學位，也沒有辦法成爲不可取代的優勢。

肯尼迪高中畢業後就開始找工作，偶然間發現了一則徵人廣告：某家知名的出版公司要招聘一位負責五個州內各書店、百貨公司和零售商的業務代表，薪水是一個月一千六百美元到兩千美元，另外還有工作獎金、出差費和公司配車……等等。

這是肯尼迪夢寐以求的工作，可惜，他在面試的時候就被拒絕了。主管很客氣地對肯尼迪解釋爲什麼拒絕他的理由：第一、他的年紀太輕；第二、他沒有相關的工作經驗；第三、他只有高中畢業而已。

肯尼迪竭盡所能地毛遂自薦，但是主管的態度仍然十分堅決。這時，肯尼迪靈機一動，對主管說：「反正你們這個業務代表的空缺已經缺了六個月了，再缺三個月應該也不會有太大的差別。既然如此，能不能讓我先做三個月？我不要薪水和交通工具，公司只要負擔我的出差費就行了。等三個月之後，你再決定要不要錄用我，如何？」

主管覺得肯尼迪的辦法很有趣，便答應了他的條件。

在這短短的三個月裡，肯尼迪達成許多耀眼的成績，其中包括了重組了銷售流程，創下公司有史以來的銷售紀錄；他也爭取到更多新客戶，包括一些以往一直爭取不到的客戶。

於是，不到三個月，肯尼迪就被錄取了。

在人生的各項競爭中，聰明才智才是決定勝負的關鍵。因此，平常就得經常鍛鍊自己的腦力，讓才智像太陽一樣發光，如此它才可能成爲你超越別人的秘密武器。

地球已經變平了，競爭者正虎視眈眈想搶走你的機會。想要比別人成功，光是靠認眞和努力是不夠的，有時候在做人方面必須多一點心機，做事方面必須多一些努力，才能讓自己在這個充滿變數的社會中出人頭地。

學歷固然很重要，但是把學歷轉換成能力則更重要。如果做不到這一點，那麼擁有再顯赫的文憑，也不過代表比一般人會讀書而已。

文憑就跟外表一樣，雖然一開始容易吸引衆人的目光，但是沒有缺乏眞材實料的內在，那麼再好看的外表，也只是無用的裝飾品而已。

PART 09

找不到方向，就會暈頭轉向

很多時候，
我們盲目地尋找解決之道，
卻忘了最大的問題不是答案在哪裡，
而是什麼才是真正的問題。

關鍵時刻更要膽大心細

適度小心是有必要，但過度疑慮反易壞事。這時膽大心細便很重要，如此，便能做出正確的判斷，而不致錯失時機。

莎士比亞曾經說過：「適度的疑慮，是保護自己的明燈，也是預防上當受騙的良方。」

確實如此，但是，過度的疑慮，有時是使你畏首畏尾的毒瘤，也是讓你錯失大好機會的絆腳石。

南北朝時期，有一名劉宋的大將名叫檀道濟，奉命率軍攻打北魏，戰事十分順利，屢戰皆捷。

沒想到，當他一路攻打到歷城時，才發現軍隊的糧餉幾乎告罄。在前有敵兵、後援不繼的情況下，檀道濟無計可施，只好宣佈退兵，一時之間軍心大亂。

檀道濟退兵的行動引起敵軍的疑心，自然想到對方是否因斷了後援才退兵。在這種危急的情況下，檀道濟日夜苦思如何才能全身而退。

當天晚上，魏軍的探子回報，檀道濟所率領的宋軍連夜以斗量米，並且大聲報數，似乎糧食充足、不虞匱乏。天亮之後，探子又報，宋國軍營旁邊堆放著大批米糧，可見他們的米糧的確充足。得知宋軍並沒有任何後顧之憂，當他們退兵時，魏軍自然不敢輕舉妄動，只能遠遠地看著宋軍精神抖擻地緩緩移動。

檀道濟將軍本人一派悠閒地坐在車內，從容地率領著隊伍前進。魏軍看到敵人一副顧盼自雄、志滿意得的樣子，更加不敢下令追趕，宋軍於是得以順利退兵。

究竟檀道濟使出什麼樣的法寶呢？

原來檀道濟命令士兵們在夜間以斗量沙，大聲報數；趁著夜色昏暗，讓魏軍的探子信以爲眞，以爲那一堆堆的沙子是白米。到了白天，再將僅剩的米全都鋪在沙子上面，更讓對方深信不疑。

退兵時，檀道濟命令全體士兵打起精神，自己則行進在隊伍前面，談笑風生、悠遊自得。敵軍看了自然以爲其中有詐，不敢追擊。其實，宋軍們個個都已經餓得飢腸轆轆，只是勉強支持，合力上演了這一齣好戲而已。

所謂的聰明機智，就是發現不同事物之間的相似之處，以及發現相似事物之間的差異。二十一世紀是個複雜多變的戰場，每天都進行著激烈的廝殺。在瞬息萬變的人生戰場上，每個人都應該設法讓自己聰明一點，同時也得留意對方使出的各種「戰術」。

若是魏軍肯進一步求證，識破宋軍「此地無銀三百兩」的詭計，又怎麼會有如此放虎歸山的憾事呢？可見適度小心是有必要，但過度疑慮反易壞事。這時，膽大心細便很重要，大膽假設有狀況，然後小心求證，檢驗是否真有其事，如此，便能做出正確的判斷，而不致錯失時機。

說得天花亂墜，通常是為了找替死鬼

世上有許多人都只為自己著想，要拉你做墊背的替死鬼，還怕把黑的說成白的、把死的說成活的嗎？

也許有這麼一天，眼前出現了一個似乎還不錯的機會，只要投入一點點資金就能收回一大筆錢，怎麼看都很划算；旁邊也有人一直向你勸說：「這個良機錯過可惜！我可是跟你交情好才報這個消息給你，找你合作呢！那個誰誰很有興趣，但我可不想跟他一起攪和……」

面對這種狀況，聰明的你，應該怎麼做呢？

狐狸只顧仰頭追趕著一隻烏鴉，一不小心卻掉進了井裡。井水不深，淹不死人，可是想跳卻也跳不上來。

在這危難時刻，恰巧來了一頭山羊。牠翹著鬍子，晃著角，看起來就知道是一隻自以爲聰明的蠢羊！

牠悠閒地溜達到井邊，往下瞧瞧，見到井裡有隻狐狸，便開口問道：「狐狸，你在那裡幹什麼哪？」

「我在這兒休息呢，親愛的朋友，」狐狸佯作鎮靜地回答：「上頭實在太熱了，我就躲到這兒來了。這地方又涼爽又舒服！而且，這裡的水很清涼，想喝多少就有多少。」

說來也巧，山羊早就想喝水了，就問：「水甜嗎？」

「甜極了！」狐狸說：「既乾淨，又清涼。你想喝水就跳下來吧，這地方很大，容得下我們倆。」

山羊聽了，糊裡糊塗就往下一跳，幾乎把狐狸給壓著了。

狐狸對牠說：「嘿，翹鬍子的傻瓜！你連怎麼跳井都不會，差點要了我的命，看你濺了我一身水！」

狐狸一邊說，一邊用力一跳，跳到了山羊的背上，又從山羊背上跳到了山羊的角上，再使勁一跳，就從井裡跳了出來。

脫險後的狐狸得意地向井裡的山羊說：「哈哈，現在我出來啦！你就在裡面等著下一個笨蛋，跟你一樣傻到跳下井來吧！」

山羊傻傻地待在井裡，過了好久才明白是怎麼回事，但左右看看，井壁根本沒有地方能使力攀爬上去，只能在井裡哀哀低鳴。

還好，過了兩天，牠的主人好不容易才找到牠，用繩子套住牠的角，把牠拖出水井，救了牠一命。

《君王論》作者馬基維利說：「最能顯示出一個人智慧的是，能在各種危險之間做出權衡，並選擇最小的危險。」

醜陋的人性讓人防不勝防，想在競爭激烈的現實社會存活，處理人與人之間的複雜關係，有時候就像行軍作戰，要保持冷靜的思維，千萬不要心存僥倖，才不致讓陰險的小人有機可乘。

有句經常聽到的俗話說：「死道友不死貧道」，雖然這話聽來滑稽俏皮，但同時也說明了人心險惡狡詐。

世上有許多人都只爲自己著想，在困境之中爲了讓自己脫險，什麼話說不出來？什麼事做不出來？當他們要拉你做墊背的替死鬼，還怕把黑的說成白的、把死的說成活的嗎？

照這麼說，凡是看起來誘人的機會，十之八九都是騙人的囉？世上沒有甜美的泉水，所以山羊就別妄想了？

不，當然不是這樣，而是向山羊說「來吧！這邊有甜美的泉水」的人，是一頭狐狸而不是山羊眞正的好朋友、好夥伴時，山羊應該更警醒。

至少在牠弓身往下跳時，別忘了先觀察一下，確保有後路可退。

善用宣傳，就能扭轉局勢

東西賣不出去，可以檢討販賣的方針，也可以檢討東西的品質與內容，但也不要忘了思考一下「宣傳」的問題。

貴爲一國元首的總統大人，會不會有吃癟的時候？一個人說什麼都動見觀瞻、被人拿放大鏡來檢視、當做霓虹燈來掛招牌，這究竟是好事還是壞事？

不妨先把當今的政治之爭放在一邊，因爲這裡要說的並不是我們的總統，而是一個關於「書商」、「宣傳」與「總統」的小故事。

某出版商手上有一批滯銷書久久不能脫手，這天，他忽然想出了一個絕妙的主意：送一本書給總統，並徵求總統的意見。

忙於政務的總統不願與他多糾纏，於是回了一句：「這本書不錯。」

出版商得到回信後便以「現任總統愛看的書」爲賣點大肆宣傳，這些書果眞很快就被一搶而空。

不久，出版商又有書賣不出去，這次他同樣送了一本書給總統。總統上了一回當，想奚落他，於是回信道：「這本書糟透了。」

出版商腦筋一轉，又以「現任總統最討厭的書」爲宣傳手法，又有不少人出於好奇爭相購買。

第三次，出版商將書送給總統，總統有了前兩次教訓，這次決定不作任何答覆，打算看看書商怎麼應對。

這一回，雖然出版商得不到總統的回音，但他還是一樣大做廣告，並以「令總統難以下結論的書」作爲宣傳花招，書同樣也被一搶而空！

先回答最前面的問題：一個人說什麼都動見觀瞻、被人拿放大鏡來檢視、當做霓虹燈來掛招牌，這究竟是好事還是壞事？

答案是：只要你能夠拿它來利用，那麼它對你就是好事！

商人的頭腦必須靈活，因爲不靈活就得賠錢，拿總統大人來利用一下，只要在合法的範圍之內，其實也沒有什麼不可以。我們當然也可以學學這位老兄，想想：什麼東西受注目？什麼東西受歡迎？又該如何利用它們協助自己？

宣傳是很重要的，尤其在這個年代；至於怎麼做，就全憑各人本事了。東西賣不出去，可以檢討販賣的方針，也可以檢討東西的品質與內容，但也不要忘了思考一下「宣傳」的問題。

不必沽名釣譽，更無須故做清高，「宣傳」的的確確是一門藝術，只要你能好好運用它！

領導能力不等同辦事能力

一位稱職的領導者，並不一定要是最有能力的人，但卻要有辦法讓那些有能力的人願意為你所用，你的能力才能無限擴張。

若說到三國故事或是楚漢相爭，對於劉邦與劉備這兩號人物，不知道大家是不是會有著相似的疑問：

論才能與武功，項羽、曹操等人都遠勝劉邦與劉備，就連他們手下的文臣武將張良、韓信、諸葛亮、關羽、張飛……等人物，都比他們高強，但爲什麼這兩人卻能夠在亂世中雄霸一方，甚至一統天下呢？

有個人到鳥園買鸚鵡，一進門，就看見一隻漂亮的鸚鵡，前面的牌子寫著：「此鸚鵡會兩種語言，售價二百元。」

另一隻鸚鵡前面的牌子則標示著：「此鸚鵡會四種語言，售價四百元。」

由於兩隻都毛色光鮮，靈活可愛，這個人始終拿不定主意。

接著，他又發現一隻老掉牙的鸚鵡，毛色暗淡散亂，但標價卻高達八百元。

這人趕緊問老闆：「這隻鸚鵡是不是會說八種語言？」

店主回答：「不，不會啊。」

這人覺得十分奇怪，於是又問道：「可是牠看起來又老又醜，爲什麼還要八百元呢？」

店主回答：「這個啊，因爲另外兩隻鸚鵡叫牠『老闆』。」

相信，這個小故事已經回答了最開始的時候，關於劉備與劉邦的疑問。

劉備的才能與武功不及關張、諸葛亮，但卻能夠讓他們心服口服地跟著自己；

劉邦的能力也沒有項羽好，但也能夠讓張良、韓信這樣的策士、武將爲自己效力，協助他一統天下。這就是「將才」與「帥才」的差別。

主帥不必能夠殺敵千萬、不必才傾當世，只要能夠統領將士，使每個人都能各自發揮所長，讓將軍們甘心喊他一聲「老闆」、爲他賣命，這就是非常可貴的「價值」。

換言之，要做一位稱職的領導者，並不一定得成爲那個最有能力的人，但卻要有辦法讓那些有能力的人願意爲你所用、爲你奮鬥。

能夠發掘並相信對的人，將自己辦不到的事交給他們完成，你的能力將會變得無限大，也更能無限擴張。

從別人的缺點了解自己的不足

許多人看得見別人的缺點，卻察覺不到自己的盲點，嘲笑別人看不見危險，卻不知道自己原來也身陷危機之中。

不要老愛嘲笑別人的缺點，如果仔細比較一下，我們不難發現自己的缺點其實也不比別人少，那麼，與其浪費力氣大聲嘲笑別人的不足，何不保留力氣，小聲清點並積極補強自己的缺點呢？

老天爺給你機會看見別人的不足，不是要我們看別人笑話，而是要提醒我們：「如果不想被人嘲笑，也不想發生類似的窘態，就快好好反省自己是不是也有相似的缺點吧！」

豬圈裡，有一群剛吃飽喝足的豬隻正躺在地上聊天、曬太陽。就在這個時候，原本平靜安詳的氣氛，因爲四個壯漢突然闖入而完全被破壞了。

「哪一隻？」

被驚醒的肥豬們這會兒也發現人們手上的繩子、棍棒和一把大刀，沒錯，主人們將在牠們之中選出最肥美的一隻來宰殺。

「就這隻！」

他們選定的目標是一隻又白又嫩的大肥豬，只見主人們一湧而上，很快地便將這隻大肥豬緊緊地綑綁起來。

「救命啊！兄弟們，救命啊！」大肥豬對著朋友們哀嚎著。

「哈！」其他的豬兄弟眼看著肥豬的倒楣相，竟冷眼嘲笑了起來。

「誰叫你要吃得那麼肥？每次在你大快朵頤時，怎麼都沒想到會被人們優先看中？你這不叫倒楣而是活該啊！笨豬！」有隻瘦不拉嘰的豬冷冷說道。

肥豬被殺後的第三天，壯漢再次出現，不過他們手上的工具似乎變少了，繩子比之前的短，手上的棍棒也沒有帶來。

「呵，今天不知道要輪到哪隻大肥豬倒楣了，喂，你們小心哪！」瘦豬冷笑道。因爲，牠從來都不認爲自己會被宰殺：「吃少一點，就不會被宰了。」

但今天主人們的選擇目標似乎改變了，正朝這隻瘦豬方向走來。

主人說：「唉，上次那隻豬太肥了，渾身是油，根本賣不到什麼好價錢，你們看，這隻豬一身瘦肉，想必可以賣得好價格了吧！」

瘦豬一聽，竟嚇得連求救聲都忘了，隱約間，朋友們聽見牠說：「沒想到我餓了一輩子，竟然換得這樣的結果，天哪！早知道我就該多吃一點，至少不會變成餓死鬼啊！」

許多人不也像瘦豬一樣，看得見別人的缺點，卻察覺不到自己的盲點，嘲笑別人看不見危險，卻不知道自己原來也身陷危機之中？

從另一個角度來看，從牠冷眼看待別人的態度中，我們不難窺見牠悲觀又自卑的心，那就像現實生活中，習慣以嘲諷別人來掩飾自己不足的人一樣，只懂得用否定別人的方式來肯定自己，卻不知道這個方法只安慰得了一時。

瘦豬臨死之前，心中必然充滿懊悔：「怎麼我只知道笑別人蠢，卻不知道自己比他們還笨，自以爲聰明地讓自己天天過著挨餓的日子，唉，看來最笨的人是我自己，至少肥豬生前的日子都過得比我快樂！」

聽見了瘦豬的最後心聲，下一次當你想嘲笑別人的不足前，何不寬容一點提醒自己：「我是不是也有相同的缺點啊？或者，我也該仔細看看自己哪裡不足，然後好好充實，才不會和他一樣犯下難以彌補的錯誤。」

給別人機會，就等於給自己機會

再給別人一次機會，等於再給自己一次扭轉乾坤的機會！只要能推己及人，也懂得將心比心，凡事總能圓滿解決的！

生活要從我們自身開始，在要求別人尊重我們之前，自己應當先反省：「我是否也懂得尊重別人？」

因爲，人際關係的建立若能從我們自己出發，要別人付出之前，我們便積極付出，希望別人能爲我們著想前，我們便能先付出關懷，那麼我們很快地就能盼到心中所期望的結果。

動物王國鬧飢荒，動物們即便有大把鈔票，也不一定能買東西吃，直到紅十字會的成員千里迢迢地從外地送來一袋玉米後情況才稍有改善。

不過，這袋玉米並不是人人都能配得，因爲這袋玉米限用於拯救老弱病殘的動物們，而分配的工作則交由公正不阿的猴先生處理。

只見猴先生背起了玉米，挨家挨戶地分發，來到一個叫古古的老猩猩家時，正巧碰見已餓得發慌的老猩猩，因無力抓住樹枝而從床上跌落下來，正痛苦地在地上哀嚎。

猴先生連忙上前扶持，並從口袋裡捧出一些玉米給老猩猩。老猩猩一看，感激地說：「謝謝你，可是我現在好渴啊！你能不能幫我取些水來？」

猴先生點點頭，並將玉米袋放在猩猩家的凳子上，然後拿起水桶往屋外走去，不久之後提了滿滿一桶水回到猩猩家中，竟發現老猩猩已經睡著了。

「玉米袋呢？」猴先生回頭看見凳子上的玉米袋不見了。

只見牠萬分著急地叫著老猩猩：「古古，古古，你快醒醒啊！那袋玉米怎麼不見了，那關係很多動物的性命啊！還有很多人等著它救命啊！古古……」

「吵什麼吵！誰把我吵醒了？」老猩猩睜開雙眼，然後看了看猴先生，不過似乎忘記了許多事，開口問：「老猴，你來幹什麼？」

「你清醒一下，我剛才帶來的那袋玉米到哪兒去了？」猴先生著急地問。

「什麼玉米？我連個鬼影子都沒有見過啊！如果有的話，我還不大口吞下？」老猩猩說完後，還拍了拍牠那乾癟的肚皮給猴先生看。

「兄弟，我知道你的生活很辛苦，再加上受傷，根本無法外出尋找食物，但是請你想一想，現在想找到食物眞的很不容易啊！像牛奶奶、馬大叔牠們也很清楚現在的情況，但是當我帶玉米去時，牠們卻全都拒絕了施捨，牛奶奶甚至還對我說：『留給更需要的人吧！』牠們現在只靠著樹葉和泉水支持，都快撐不住了，不過仍然堅持著。」

「我……我眞的不知道啦！」

老猩猩的眼神似乎有些不自在，猴先生也發現，老猩猩甚至還低下了頭，看得出來似乎有所隱瞞。

「古古，我很了解你的情況，不過我還是很希望你能再想一想，在我走後到底有誰來過你家？又或者無論你做過什麼，我都不會責怪你，畢竟在這樣的非常時期，任誰都會出錯的。」猴先生眞誠地說。

老猩猩沉默了一會兒後，說道：「沒錯，我趁你去提水時將那袋玉米藏起來了，就在我的床底下，對不起！」

老猩猩拉開床罩時，鼓鼓的玉米袋也立即現身。

其實，猴先生進門時便已發現從凳子到床之間有好幾粒玉米掉在地上，心裡很清楚這是怎麼一回事。不過，牠很明白，在這樣困難的時候，有些動物爲了生存難免會失去理智，做出錯誤決定，所以決定不揭穿猩猩，在顧及牠的自尊爲前提下，盼望能以誠意勸服，讓猩猩自己承認錯誤，並主動交出玉米。

仔細想想，如果你也遇到相同的情況，是否會像猴子一樣願意耐心包容，循循善誘？還是根本不給對方機會，只想以最強硬的態度和方式懲處他？

無論哪一種情況，不妨再聽聽猴子先生的生活建言：「再給別人一次機會，等於再給自己一次扭轉乾坤的機會!」

的確,把人逼得沒有退路,最後結果往往是兩敗俱傷!

換句話說,能爲別人著想,其實也等於爲自己著想啊!就像故事中的猴先生一樣,因爲考量到猩猩的自尊,更體諒牠在這非常時期的心情恐慌,所以最後才能有這樣美好的結局。

體諒與寬容能讓人感受到生命的珍貴,從這個擬人化的寓言故事中,我們更能體會到「愛的力量」,因爲猴子的包容和寬恕,讓我們領悟了:「只要能推己及人,也懂得將心比心,凡事總能圓滿解決的!」

互助，才有更寬闊的出路

人類能夠有今天，全是因為互助合作；既然你不可能一個人存活在這個世界上，那為什麼不好好地對待身旁的人呢？

比起其他動物，人類最值得驕傲的地方在哪裡？是我們食衣住行等物質文明的發達嗎？是我們能言善道的說話本領嗎？是我們爾虞我詐的機智嗎？

底下這則故事要告訴你，人類最值得驕傲的，正是我們最容易忽略的地方。

有一天，老虎和猴子聚在一起聊天。老虎對猴子說：「聽說人類是你們猴子變

的，但是，我奉勸你，千萬不要變成人。」

「爲什麼？」猴子百思不解：「人類的衣食住行，樣樣都比我們強，我們這些猴子啊！最大的願望就是能夠變成人呢！」

「眞是笑話！」老虎大吼了一聲，不屑地說道：「人類哪一點比得上我？就說吃的吧！人類吃生的怕拉肚子，只吃肉又嫌油膩，吃少了會營養不良，吃多了又怕發胖。」

「這麼說來，眞是有道理，人類在『食』的方面眞的不如你。」猴子佩服地接著問：「那麼，衣服呢？人類可以穿好多漂亮的衣服，誰說他們不如你啊？」

「那是因爲他們天生就全身光溜溜的，沒有穿衣服的話一定會凍死。」老虎冷笑著說。

「說得太好了！」猴子忍不住鼓起掌來：「但是，人類有自己的房子啊！我曾經聽長老們說過，人類建造的房子又堅固又牢靠，而且住起來很舒服呢！」

「舒服個屁！他們的水泥洞，幾十家共用一個大門，有什麼好的？」老虎馬上反駁道：「舉個例子吧！我聽說人類的大樓失火，一死就是幾十人；住在下層的怕淹水，住在上層的怕地震，住在中間的又怕飛機攻擊。我們老虎住在森林裡，唯一要擔心的只有森林失火。但是，數百年來，你總沒聽說過森林大火時，有老虎被燒死在洞裡吧？」

「對對對，還是你們老虎高明。」猴子讚嘆道：「但是，沒見過你們老虎開汽車呀？」

「那是因爲人類的體質差，跑不快，又跑不遠。什麼奧運選手，靠！那點速度也能得到冠軍！怎麼跟我們老虎比啊？人類是因爲自己的體力不夠，才不得不開車的。而且，開車多麼麻煩啊！機器故障了不能開，油用完了不能開，路況不好也不能開，就算最後到了目的地還要到處找停車位。我的四條腿就比汽車好用多了！」

「對，對……」猴子一連說了幾十個對，佩服得五體頭地。

就在這個時候，遠處突然傳來幾聲「砰砰」的槍聲。

「糟了！人類來了，我得趕快跑了，改天再聊。」說完，老虎一溜煙鑽進了樹叢裡。

「喂！」猴子大聲喊道：「你不是說人類處處都不如你嗎？」

「是啊！他們是不如我，但是他們懂得互相幫助，團結合作啊！」老虎的聲音隱約傳來。

面對問題的時候，我們總是習慣站在自己的角度，堅守自己的立場，殊不知這種做法非但無法達成目的，而且還會陷入僵局，引發各種無謂的爭執和糾紛。不管在工作上或生活上，每個人都必須學著互助合作解決問題。

誠如這則諷刺寓言所說的，如果人類不懂得互助合作，那麼所有的本事就連一隻老虎也不如。

人類本身並沒有過人之處，只是因爲能集合衆人力量，累積古聖先賢的智慧，因此才能征服飛禽走獸，榮登萬物之靈的寶座。人類之所以能夠有今天的高度文明，全是因爲互助合作而來的，團結力量大；既然我們都不可能單獨一個人存活在這個世界上，那爲什麼不好好地對待身旁的人呢？

找不到方向，就會暈頭轉向

很多時候，我們盲目地尋找解決之道，卻忘了最大的問題不是答案在哪裡，而是什麼才是真正的問題。

建立蘇維埃政權的列寧曾經說過：「為了能夠分析和考察各種狀況，每個人都應該在肩膀上長著自己的腦袋。」

這是因爲，人若是不長腦袋，觀察和判斷事情就會出現盲點。只有腦力不斷激盪，人才會變得更加聰明，只有觀念不斷翻新，人才能持續向前躍進，知道如何開創生命的遠景。

課堂上，愛因斯坦給學生出了一個題目：「有兩位工人一起修理一座老舊的煙囪，當他們兩人從煙囪裡爬出來時，其中一位很乾淨，另一位卻滿臉滿身都是煤灰，請你們猜猜看，這兩個人之中，誰會去洗澡呢？」

一位學生回答：「當然是那位滿身是灰的工人會去洗澡嘍！」

愛因斯坦說：「是這樣嗎？請你們再仔細想想，乾淨的工人看見另一位滿身滿臉都是煤灰，他會覺得從煙囪裡爬出來眞是骯髒；另外一位看到對方身上很乾淨，自然就會以爲自己也很乾淨。現在，我再問問你們，誰才是會去洗澡的那個人呢？」

另一位學生從老師的話中聽出端倪，興奮地說：「喔！原來如此！乾淨的工人看到骯髒的工人，覺得自己必然和對方一樣髒。但骯髒的工人看到乾淨的工人時，卻覺得自己並不髒啊！所以，跑去洗澡的一定是那位乾淨的工人。」

愛因斯坦環視其他的學生，所有學生似乎都非常同意這個答案。愛因斯坦並沒有宣佈這個答案是對是錯，他慢條斯理地說：「那麼！請你們再想一想，這兩個人一起進到煙囪工作，又同時從老舊的煙囪裡爬出來，怎麼可能一個是髒的，另一個卻是乾淨的呢？這就叫做邏輯啊！」

問題不一定有答案，卻必須有邏輯。

很多時候，我們盲目地尋找解決之道，卻忘了最大的問題不是答案在哪裡，而是什麼才是眞正的問題。

沒有邏輯觀念的人，一旦被別人「模糊焦點」，就會失去方向，像隻無頭蒼蠅般忙得暈頭轉向。不要因爲覺得麻煩而厭倦思考，因爲只有不停地思考，才會有不斷的進步。眞正的答案往往不在你眼前，而在你心裡。

講明白，就不會留下灰色地帶

處於灰色地帶，人們都有貪小便宜的心態，「說清楚、講明白」，永遠是杜絕灰色地帶最好的方法。

下雨天看到路邊一把破傘，你可能會順手牽羊帶走，但是，店裡一把標價五塊錢的雨傘，你還會若無其事地帶走嗎？

遏止人們貪小便宜的方法，就是要讓他們知道，他所貪的便宜並不小。

有一家旅館的經理，對於旅館內的一些物品，經常被前來住宿的客人順手牽羊感到十分頭痛，可是卻又一直拿不出有效的對策來。

於是，經理囑咐員工在客人到櫃檯結帳時，迅速派人去房內查看是否有什麼東西遺漏，客人必須在櫃檯等待，等到房務部人員查清楚了之後才能結帳。如此一來，不但結帳的速度太慢，而且客人覺得這家旅館以小人之心度君子之腹，下次再也不願意住這家旅館了！

經理覺得這樣下去不是辦法，於是召集了各部門主管，一同思索有沒有什麼更好的方法，能夠制止旅客們順手牽羊。

幾個主管圍坐在會議室裡腦力激盪了一番，其中一個年輕的主管突然說：「既然旅客喜歡，我們爲什麼不讓他們帶走呢？」

在場所有人聽了，都瞪大了眼睛。若是客人喜歡什麼就帶走什麼，旅館豈不損失慘重！這是哪一門子的餿主意？

只見年輕的主管不慌不忙地接著說：「既然顧客喜歡，那我們就在每件東西都標上價錢，讓客人依照自己的需求來購買。說不定這麼一來，還可以增加旅館的營收呢！」

是啊！會來旅館住宿的客人豈有買不起的道理？有些旅客喜歡順手牽羊，並不是蓄意偷竊，而是因爲很喜歡房內的物品，加上旅館又沒明確規定哪些不能拿，所以才會故意裝迷糊拿走一些小東西。

若是把每樣東西都加上了標價，讓客人知道只需付一點小錢就可以把它帶走，一方面既可以減少客人順手牽羊的頻率，另一方面又可以爲旅館增加額外的收益，這不失爲一條兩全其美之計！

於是，在這家旅館之內忽然多出了好多漂亮的東西。像是牆上的畫、桌上擺設的手工藝品、織法細膩的桌布，甚至柔軟的枕頭、床罩、椅子等用品，上頭都附了一個小小的標示牌，寫明清楚價格。

如此一來，這家旅館的生意愈來愈好了！因爲在這裡只要花少少的錢，就可以買到五星級的商品，簡直比百貨公司大拍賣還划算！旅館的生意一天比一天好，旅客們若是想住這家旅館，還得提前半年預約呢！

華人往往有一種心態，凡是沒有標價的東西，就擺明了是「歡迎拿走」。

但是，歐美人就不同了，他們的傳統觀念認爲，越是沒有標價的東西，表示價格越高，不會輕舉妄動。

因此，華人到了外國飯店，總是會發生一些順手牽羊的情況。人們都有貪小便宜的心態，不是買不起，只是不拿白不拿。店家若是不肯吃這個虧，就應該要清楚明白地標明「不能拿」，如此一來，店家不用整天提心吊膽，客人也不必被當成竊賊看待。

「說清楚，講明白」，永遠是杜絕灰色地帶最好的方法。

PART 10

助人，也要審時度勢

社會上還有許多需要我們伸出援手的人，
只要衡量自己的能力，
每個人都可以適度給予別人幫助。

助人，也要審時度勢

社會上還有許多需要我們伸出援手的人，只要衡量自己的能力，每個人都可以適度給予別人幫助。

雖然說助人為快樂之本，但伸出援手之前也要在心中有個底，別一頭熱地投入救援，而忘了自己有多少能耐，忘了衡量對方是什麼樣的人，否則人還沒救成，自己就先出狀況。

斯賓諾莎曾說：「在人生的戰場上，被暗地算計的好人，往往不懂得小人最有力的武器就是卑鄙和奸詐。」

確實，人生的陷阱無所不在，「學會做聰明人」無疑是保護自己的處世智慧。千萬不要因為想當好人，而淪為別人任意使喚、擺佈的可憐蟲。要當好人，先學會當個聰明人，應對進退之時應該運用智慧，做個聰明又自在的人。

齊王生了一場重病，召集了全國最優秀的大夫都無法醫治，就在大家都束手無策時，有大臣建議太子前往鄰國尋找醫術精湛的大大。

許多大夫在了解齊王的病症後，都表示已無法醫治而不願前往，就在大家都快放棄時，有人在宋國找到一位名叫文摯的大夫，有著妙手回春的稱號，經過眾人再三請求，文摯終於願意前往齊國。

文摯到了齊國，幫齊王診斷過後，告訴太子：「雖然我可以幫大王治病，但是，大王好了之後一定會把我殺掉。」

太子一臉疑惑：「獎賞你都來不及了，怎麼會殺了你呢？」

文摯嘆了一口氣回答道：「大王的病，必須要激怒他才能治好，可是一旦激怒了大王，那麼我的下場恐怕不大樂觀。」

太子一聽馬上向文摯叩頭請求：「先生務必要救父親啊！假若先生治好父王的病，父王卻要殺你，我和母親會不惜以死力爭。相信父王一定能體會我們的苦心赦免你的，所以請先生不用擔心。」

文摯見太子行如此大禮，又再三地保證，終於答應了。

文摯先和太子約好治病的日期，但是連著三次都失約，齊王因此大怒，到了第四次，文摯終於來了，不過卻遲到很久。當時齊王已經很不滿了，文摯卻沒有向他請安道歉，反而連鞋子也沒脫，就跳上床，一把踩住齊王的衣服，粗魯地詢問齊王的病情，齊王氣得一句話也不肯說。

文摯又找機會說些話，再度激怒齊王，齊王忍無可忍，跳起來大聲責罵，沒想到罵完後病也好了。

事後，齊王非常生氣，無論太子和王后如何乞求，都不肯原諒文摯，後來文摯仍被齊王給處死了。

連太子跟王后的鐵票保證，還是挽不回文摯的性命，讓一條助人的生命無辜地消逝，更留下兩人的愧疚。

熱心助人的結果卻徒留遺憾，這眞的是助人的眞義嗎？

引起廣泛討論的玻璃娃娃事件，也是一個讓人難過的實例。幫助玻璃娃娃的同學出於善心助人，可是卻意外導致受助者死亡，這中間沒有誰對誰錯，留下的只有遺憾。

要幫助別人之前，先斟酌自己的能耐，社會上還有許多需要我們伸出援手的人，不要因爲一時的打擊而失去助人的熱心，只要衡量自己的能力，每個人都可以適度給予別人幫助。

識人不清會讓自己陷入險境

小人不會無中生有，大多數人犯小人，都是自己招惹來的。反省自己，比埋怨小人更能讓你在往後的日子裡遠離小人。

西班牙作家葛拉席安在《智慧書》中曾說：「要把今天的朋友，當成明天的敵人來提防。」

因爲，敵人只會攻擊你，但是無法出賣你；會出賣你的，往往是那些自稱爲「朋友」的人。

小張進入了一家新公司，雖然他在這一行已經稍微具備了一點經驗，但是初來乍到，對於新公司的體制、作業程序仍然一知半解，不知從何下手，周圍的同事每個人都忙得不得了，沒有一個人會主動來協助他。

就在小張不知該如何是好的時候，有位行政人員非常熱心地替他解決問題，而且知無不答、言無不盡，兩人因此成了好朋友。

只是，日子一久，小張發現這位職員的牢騷愈來愈多。工作一忙碌，難免有些不愉快，小張默默地傾聽對方的牢騷，絲毫不以爲意。

後來，小張在工作上也受了一點委屈，想當然爾，他第一個便找這個好朋友訴苦，反正對方也時常批評公司，自己偶爾說些主管的壞話應該也沒有什麼關係。豈知第二天，人事主管把他找了過去，詢問他對公司究竟有什麼不滿。小張嚇了一跳，沒想到他的話居然傳到了主管的耳朵裡；男子漢大丈夫敢做敢當，小張拍拍屁股離開了這家公司。

臨走前，一位資深員工指著那個行政人員，偷偷對小張說：「你難道不知道他是老闆的親戚嗎？」

沒人會承認自己是小人，可是世界上確實有小人。有人分明是小人，可是不認爲自己是小人；有人明明是君子，卻被誣陷爲小人。

古有名訓：「與君子交，其淡如水，因淡而久；與小人交，其甜如蜜，但因蜜而不長久。」

小人不會無中生有，大多數人之所以犯小人，都是自己招惹來的。別人對你一笑，你就掏心掏肺，別人扶你一把，你就鞠躬盡瘁。遇人不淑、識人不清，這是誰的錯呢？

反省自己，比埋怨小人更能讓你在往後的日子裡遠離小人。

貪小便宜的人最容易吃大虧

沒有人喜歡吃虧，但是卻有很多人存心想佔人便宜，每個人的眼睛都是雪亮的，最傻的人，才會把別人都當成傻瓜。

人最常見的壞習慣，就是愛貪小便宜。

秉著「不誠實賺大錢」的原則，有可能眞的讓收入扶搖直上，但是，也容易會因小失大，砸了自己好不容易豎起來的招牌。

有一次，一位台灣人林先生到日本考察，因爲人生地不熟，於是他依照雜誌上的介紹，選擇一家中國人開的餐館用餐。菜單上的食物琳瑯滿目，林先生點了幾樣小菜，以及一份他感興趣的湯。

不久，服務生捧來一大鍋熱呼呼的湯放在他面前。林先生當場愣住，詢問服務生：「我只有一個人，這麼大一鍋湯，我能喝得完嗎？」

沒想到服務生聽了非但毫無歉意，反而理直氣壯地回答：「誰叫你點餐時沒有說明是要一『碗』湯呀！」

林先生聽了氣得說不出話來，匆匆喝了幾口湯。但不管湯再怎麼美味，他心裡也都只感到不是滋味，於是，不等其他菜上來，氣沖沖地付了一鍋湯的價錢，便拂袖而去。

後來，他又到一家日本人開的餐廳，點了類似的一份湯，也沒有說明是要一大鍋還是一小碗。

不一會兒，服務生爲他端來一小碗湯，並親切地說：「如果不夠喝，可以再來一碗。」

林先生只喝了一小碗湯，當然也只需要付一小碗湯的錢。以後再去日本，你說他會選擇到哪一家餐廳用餐？

沒有人喜歡吃虧，但是卻有很多人存心想佔人便宜，光天化日下開黑店，本著就是「來一個坑一個」的想法。

只是，「來一個坑一個」的下場，只會換得「來一個走一個」；短視近利的人，是無法永遠佔便宜的，最後還會因此而吃大虧。

看看那些眞正賺大錢的店家，哪個的商品不是眞材實料，而且服務品質遙遙領先同業？

每個人的眼睛都是雪亮的，最傻的人，才會把別人都當成傻瓜。

以貌取人，吃虧就是自己

第一印象常常由外表開始。但是，相由心生，就算沒有出眾的外貌，只要整齊、乾淨，充滿笑容，就能給人舒服的感覺。

散文詩名家紀伯倫曾經說過一個寓言故事：

有一天美和醜在海邊相遇，便一起在海裡洗澡。它們各自脫下衣衫，在海裡盡情游泳，但是沒多久，醜就上岸，穿上美的衣服離開了。

等到美從海裡出來後，由於找不到自己的衣服，又不敢赤身裸體，不得已只好穿上了醜的衣服。

直到今天，許多人仍然常常分不清美醜的定義，尤其在愛情的路上。以外貌來評斷人事物，往往最不客觀，但卻是人們最容易犯的錯誤。

其實，一個高貴、勇敢、美麗的靈魂，要從內在來發覺，不是嗎？

從前，某位皇帝的皇宮有一座雄偉又美麗的花園，裡面有各式各樣的花、草、樹木，蜜蜂、蝴蝶和小鳥都喜歡到花園裡玩耍。

當人們經過花園外的圍牆時，常會被一陣悅耳又迷人的鳥兒歌聲所迷住，有人就寫了一篇文章讚美那隻唱歌的小鳥，並且稱牠爲「夜鶯」。

這事傳到皇帝的耳中，令他大感訝異，他從不曉得自己的花園裡住著這樣一隻神奇的鳥兒。於是，皇帝就命令一位侍衛，非要找到這隻夜鶯不可，否則就要砍掉他的腦袋。

接到命令後，侍衛在花園裡不斷地尋找，可是就是看不到夜鶯的身影，到了傍晚，他失望地停下腳步，坐在大石頭上休息。

這時，來了一個小姑娘，看到侍衛垂頭喪氣的模樣，就問他發生了什麼事，了解情況後，小姑娘微笑說：「我有辦法帶你找到夜鶯，不過要等到天黑之後。今天是月圓，夜鶯會在楊柳樹上唱歌。」

果然月亮出來後，侍衛在楊柳樹下看到了夜鶯，便懇求夜鶯跟他回宮去，否則自己的小命就不保了。

夜鶯答應侍衛的要求，跟著他一起進宮。

皇帝跟臣子們聽完夜鶯的歌聲後，都忍不住流下感動的淚水來。皇帝問夜鶯想要什麼獎賞，夜鶯回答他：「您的眼淚，就是我最好的獎賞。」

皇帝因為太喜歡那美妙的歌聲，深怕夜鶯會離開，便用十二條絲線綁在夜鶯的腳上，並要十二個僕人牽著線跟隨牠。

夜鶯雖然過著很好的生活，卻失去了自由。

有一天，外國使者送來一個盒子，裡面裝的是一隻用金子和寶石做成的夜鶯。使者告訴皇帝：「我國獻上的這隻金夜鶯，比那隻灰色的夜鶯漂亮多了，只要把它肚子下的螺絲旋緊，它就會唱歌給你聽。而且它會唱著同一首歌，不像夜鶯那麼沒規矩的亂唱。」

皇帝從此迷上了金夜鶯，忘了夜鶯，不久之後，夜鶯扯斷腳上的絲線，悄悄離開了皇宮。

日子一天天過去，宮裡傳來皇帝病重的消息。有一天晚上，死神來到皇帝的床邊要將他帶走，皇帝害怕地大叫：「金夜鶯，趕快唱歌啊！」但是因爲沒有人替它上發條，所以金夜鶯一動也不動。

這時候，寢宮裡突然傳來一陣清脆的歌聲，原來是夜鶯回來了，死神聽到歌聲後流下了眼淚：「我好久沒聽到這麼動人的歌聲了，謝謝你，小夜鶯。」說完就離開了。

灰黑不起眼的夜鶯，雖然沒有亮眼的外表，卻有自主的意識和天賦，牠的歌聲甚至能感動死神，可是和故事中的皇帝一樣，人們常被事物的外表迷惑，往往要等最後關頭才有所覺悟。

不可諱言，我們至今仍然生活在以貌取人的社會，第一印象常常由外表開始。

但是，相由心生，就算沒有出眾的外貌，只要整齊、乾淨，充滿笑容，就能給人舒服的感覺。

相反的，即使外表再美麗，若是沒有內涵，又常苦著一張臉，久而久之，還是會讓人識破那只是個包裝過後的空殼子。

做人寬容，做事才會圓融；凡事不要以貌取人，否則吃虧的將會是自己。馬不用駿馬，只要會跑就行，不管是白貓、黑貓，能抓住老鼠的，就是能夠幫助自己解決問題的好貓！

別讓傳統成為前進的沉重包袱

傳統不是枷鎖，是讓自己更進步的基石。不管對傳統或者新知，都必須給予尊重，這些都是經驗與知識的來源。

在二十一世紀的社會裡，科技的發展大大改變了人類原有的生活型態，其中影響最大的就是大眾傳播媒體。雖然它帶給人們更多獲得知識的機會，但是就另一面來說，它又像一種無形的催眠，讓我們生活在被動而不自知的環境下，忘了用腦思考，只是盲目接受。

再看到集幾千年智慧結晶而成的傳統。傳統之所以形成，必定有它的道理，但是不一定適用於不斷改變的環境，因此在吸取傳統經驗的同時，也要設法超越它，才能得到真正的智慧。

倘若只知緊抓著傳統的衣角，卻不了解傳統的內涵，還自以爲是地以短淺的認知來規範他人，不僅害人也害己。

一隻與人類共同生活多年的花貓，年歲大了之後身染重病，已經回天乏術。牠知道自己快要離開人世，便命令身邊的小花貓們趕快將女主人請來見最後一面。女主人取消原訂的約會，匆匆忙忙趕了過來，手上捧著一束花，神情哀戚地走到老花貓的病榻旁。

「親愛的主人，我再也無法陪伴在妳身旁了……」老花貓勉強地開口。

原本想伸出手撫摸老花貓的女主人，一看到床邊掛著的病歷表，以及上面列出的一行行病狀時，手便又縮了回去，只說了一句：「你安心休養吧！我已經向菩薩祈求讓你早日康復。」

「不行！來不及了！」老花貓用盡全身的力氣說著：「我已經快要死了，趁還有一口氣在，我有一個小小的心願，希望妳能看在我忠心耿耿陪伴妳多年的份上，無論如何都要答應我的請求。」

「說吧！我的小寶貝。只要我做得到的，我一定盡力去做。」女主人看到老花貓的情況，忍不住哭了起來。

「那麼……當我離開這個世界之後，請妳不要把我的身體掛在樹枝上。」

「原來是這件事啊！這個簡單，我不但照做，而且還會爲你訂製一個小棺材，再請裁縫爲你縫一套壽衣，讓你安安心心地離開。」

老花貓聽完，就帶著微笑離開了。

然而，就在當天下午，老花貓的屍體竟然被懸掛在附近草叢中一棵檜木的樹枝上，旁邊還坐著主人養的那隻以善盡職責出名的老黃狗。

小花貓們看到老花貓的屍體被掛在樹上，紛紛表示抗議，責怪主人不守承諾。牠們群聚在樹旁，準備將屍體解下來，這時候老黃狗突然露出尖牙，惡狠狠地將小花貓趕離樹旁，並且擺出備戰姿態說：「老花貓的屍體一定得掛在這裡，這是幾千年來的老傳統，不遵守不行。」

「傳統？」小花貓們懂的不多，擔心觸碰禁忌，於是緩和了態度。

「我就是傳統，而且是傳統的象徵和代表。」老黃狗得意地大笑。

小花貓們聽完，只能不滿地離開了。

古羅馬思想家塞涅卡曾經諷刺地說：「堅持傳統有什麼用呢？這是老婦人，甚至是無知老婦人的哲學。」

老黃狗眞的了解什麼是傳統嗎？或許花貓們不了解傳統，只是懾於牠的威力而無力反抗，但這並不代表牠們願意接受這樣的規範。反而是可悲的老黃狗，口口聲聲都是傳統，卻不了解爲什麼要這麼做。如果牠知道哪天自己也必須遵照傳統，隨波逐流「放水」而去，就不會得意地坐在那裡了。

傳統不是枷鎖，而是讓自己更進步的基石。不管待人或者處世，都必須提醒自己寬容以待，生命才會更加圓融。

別讓智慧成為紙上談兵

智慧是從生活中一點一滴累積而來，並且也是不斷成長的。如果滿足於現狀而不求進步，那麼這個寶庫只會慢慢地流逝。

有個巧妙的比喻是這樣說的：「書本就像降落傘，打不開也沒有用。」

知識是開啟人生旅程的鑰匙，書本則是走向智慧殿堂的道路。具備豐富的知識，可以讓觀察力更敏銳，處理事情也能更有效率；閱讀書籍則能增廣見聞，讓自己的學識更加淵博。

但是知識是死的，人是活的，如果不會思考、運用，再多的知識也只是「打不開的降落傘」。

並非所有的書籍或知識都是正確的，所謂「盡信書不如無書」，吸收學習的過程也要學會判斷，做到眞正的「開卷有益」。

從前有一隻烏龜認爲世界上最長壽的動物非自己莫屬，因此必須讓自己更加偉大。於是牠左思右想，要怎樣做才能達成願望呢？做一件轟轟烈烈的大事？征服世界上最高的山？還是賺很多很多的錢？

後來牠終於想到了，只有智慧才能戰勝一切，因此牠要當世界上最有智慧的動物。從那天起，烏龜開始周遊列國，到處尋找智慧，並將收集來的智慧全都裝在葫蘆裡。

牠希望能獨佔全部的智慧，這樣一來，不管是誰，不管遇上多麼小的問題，大家都必須請教牠，甚至可以收費做生意，順便賺上一大筆錢，讓自己不但聰明，還很富有。

每當烏龜又找到一個智慧時，便就將樹葉捲成的蓋子小心翼翼地打開，深怕智慧一不注意就從葫蘆裡溜出來。

就這樣過了好多年，有一天，牠覺得自己已經收集完世界上所有的智慧，便決定要將這個葫蘆藏到所有人都找不到的地方去。於是牠將葫蘆抱在胸前，往海底游去，打算將葫蘆藏在海底最深處。當牠游到海底，好不容易挖出一個洞時，突然一陣激烈水流沖來，葫蘆又被帶回到水面上。

烏龜覺得藏在海底不安全，於是便帶著葫蘆回到陸地，坐在石頭上沉思。微風吹過，一片葉子落在牠身上，牠突然大叫了一聲：「就將葫蘆藏在全世界最高的山上，這樣誰也拿不到了！」

說完烏龜馬上提起精神，往山的方向走去。牠來到山腳下，看著一塊塊大岩石，就用一根繩子將葫蘆綁起來，掛在脖子上，然後開始往上爬。

當牠努力地想跨出第一步時，葫蘆卻垂到肚子前面，妨礙牠爬山，就這樣試了很多次，連一塊大石頭都爬不上去。

這時候，有一位坐在路邊休息的旅人開口了：「你爲什麼不把葫蘆掛在背上呢？這樣不就好爬多了。」

原來他已經在那兒看了好一陣子，終於忍不住開口建議烏龜。

烏龜一聽，才驚覺到世界上還遺留著好多的智慧，這樣辛苦地蒐集，只是白費力氣，就把葫蘆往地上一摔，智慧也碎成一小片一小片，隨著風飛向了全世界。

德國哲學家費爾巴哈說：「沒有智慧的人就會受人欺騙，被人迷惑，任人剝削。只有充滿智慧的人，才是自由和獨立的人。」

智慧是從生活中一點一滴累積而來，並且也是不斷成長的，就像有生命的植物，只要用心照顧，勤於灌溉，也會開花結果。如果滿足於現狀，而不求進步，那麼這個寶庫只會慢慢地流逝。

囤積智慧，要適度開封使用，最少要知道東西放在哪裡，否則就會像烏龜一樣，花費許多時間收集，卻不知適時應用，最終只換來一場空。當然，牠的努力並非完全白費，至少從中學到了：「智慧是無窮盡的。」

適時冒險是成功的關鍵

創新和冒險是經營者成功的秘訣，運用得當能使自己受益無限，運用不當或不敢用，只會使自己故步自封。

美國企業界的經營哲學中，有一則金玉良言說：「如果你不能戰勝對手，那麼就加入他們其中。」

美國通用汽車公司是世界上首屈一指的汽車生產企業，規模之龐大是許多汽車同業無法比擬的。

一九八四年，通用汽車售出了八百三十萬輛車，銷售總額達八百三十九億美元，獲利四十五億美元。

但是，通用公司生產的汽車相當耗油，隨著世界石油危機的加劇，汽油價格不斷上漲，再加上世界汽車競爭日益激烈，以豪華型汽車爲主的通用公司，因爲價格昂貴，在激烈的市場競爭中連連敗北。

到一九九一年，通用公司負債居然達到三十億美元，直到史密斯出任通用公司董事長後，才爲公司帶來扭轉劣勢的新希望。

史密斯經過仔細斟酌之後，決心及時調整策略。他採取的第一個動作，就是迅速地「加入到他們中間去」。

經過談判，通用汽車公司與日本豐田公司簽訂協定，在加利福尼亞的分廠生產二十五萬輛「豐田」設計的轎車，然後以通用汽車旗下的「雪佛蘭」品牌在美國市場出售，所得利益由雙方均分。

豐田公司見大名鼎鼎的通用公司甘願拜倒自己腳下，自然萬分高興，然而，就在此時，通用汽車公司則暗地裡籌建自己的輕型車製造公司——農神公司。

爲了防止自己的傳統市場與「農神」未來的市場被日本汽車搶佔，通用汽車在

「農神」正式上市之前便進行了試銷。

他們抓住時機，投資幾十億美元，籌建農神公司，當時他們採用了新穎的自動化設備，專門生產輕巧外型，耗油量小的小轎車，品質和價格與日本產品相差無幾，經過幾年努力，通用公司終於又在美國汽車市場中站穩了腳步。

通用公司充分利用了這暫時合作的策略，爲自己贏得了時間，更贏得了市場。

做生意和寫小說基本很相似，有好的構思是一篇小說成功的關鍵，做生意則要有好的策略，才能使自己的生意只賺不賠。

創新和冒險是經營者成功的秘訣，運用得當能使自己受益無限，運用不當或不敢用，只會使自己故步自封，無所發展，甚至被人吞併。

在不可能的地方挖出寶藏

只要你有先見之明和過人的膽量，詳細分析利害關係後，使用正確的方法，即使是荒涼的沙漠，也會有繁花盛開的榮景。

精明的商人在販售商品之前，首先要做的事情是先改變消費者的想法，然後在不可能的地方發掘出自己想要的寶藏。因為一旦改變了消費者的想法，他們對商品的需求也會從此產生。

過去，美國的泰麥克斯手錶遠近馳名，在市場上幾乎每出售三只手錶，其中就有一只是泰麥克斯品牌手錶。

當許多人都以為非洲市場人民貧困、購買力低下而不願涉足的時候，泰麥克斯的推銷員卻獨具慧眼，決心在那裡開闢手錶領地。

為了開疆拓土，首先，泰麥克斯製造一種價格低廉的手錶，運用了一招堪稱出奇制勝的推銷方式。

所謂的「出奇制勝」，是指「拷打試驗」，根據當時的媒體報導：「泰麥克斯的推銷方式，簡直就像馬戲團吸引觀眾一樣。」

泰麥克斯派出的推銷員在造訪零售店之時，經常把錶猛地摔在牆上，或把它浸入水中，證明防震及防水性能，此外，泰麥克斯手錶也因廣告片的「拷打試驗」，在國外享有盛名。

廣告中，泰麥克斯把手錶拴在飛奔的馬尾上，從一百三十五英呎的高處投入水中，或把它綁在衝浪板上，或是水陸兩棲飛機的後面，經過種種折磨之後，人們可以看到，指針仍然繼續走動。

這種獨特的廣告宣傳和促銷方式，走到哪裡都大獲成功，公司就在這樣獨特的宣傳攻勢下攻佔非洲市場。到了一九六二年的十二月，泰麥克斯公司終於在非洲市場，賣出了第一只一萬美元的手錶。

以目前高度競爭的商業發展社會來看，想要創造消費者新的需求，就如同要挖掘金礦一樣，必須選擇新的市場或新的經營方式，才能讓企業異軍突起，並且持續保持領先的地位。

別人不願涉足的事業和有過失敗經驗的市場，並不見得就不能創造奇蹟，只要你有先見之明和過人的膽量，詳細分析利害關係後，使用正確的方法，即使是荒涼的沙漠，也會有繁花盛開的榮景。

喜歡拍馬屁，小心被馬踢

逢迎拍馬在現今社會已是人之常情，但是在拍馬屁之前請先站穩腳步，否則馬後腿一踢，你就會被踢到九霄雲外去！

現代人開會要發表言論，見面要自我介紹，吃了虧要據理力爭，和上司溝通是爲了加薪……二十一世紀，連狗嘴也得吐出象牙來，要是你沒有口才，那麼肯定不能成材！

有一位名作家趁著旅行之便，想順道拜訪一家城裡的書店，於是在出發之前，先打了個電話給這家書店的老闆，希望能夠在拜訪書店之時和他見見面。

書店老闆聽到大作家要光臨了，便吩咐店員把店裡的架子上，全都擺滿這個大作家的書，希望能讓他留下一個好印象。

約定的時間來臨，大作家準時來到這家書店，一走進門，只見書架上擺滿了他的各種作品。他看了不禁嚇了一跳，大惑不解地問書店老闆：「怎麼沒看見其他作家寫的書呢？」

「因爲……其他作家寫的書……」老闆一時情急，竟脫口而出：「其他作家寫的書早賣光了！」

名作家聽了，臉色大變，這時書店老闆想要改口已經來不及啦！

英國諷刺作家湯瑪斯·富勒曾經在文集中說過：「在人性叢林中，最被人喜歡的『貨幣』就是阿諛奉承。」

人的內心總是喜歡別人阿諛奉承，有時候，即使明知對方講的只是場面話，心中還是免不了沾沾自喜，這正是人性最大的弱點。

逢迎拍馬在現今社會已是人之常情，但是在拍馬屁之前請先站穩腳步，否則馬後腿一踢，你就會被踢到九霄雲外去！

凡是說自己討厭拍馬屁的人，都只是一種掩飾，叱吒一時的拿破崙便是最好的例子。他經常公開表示非常討厭別人拍他的馬屁，一次，隨從對他說：「將軍，您是最討厭別人對您拍馬屁的吧！」

拿破崙聽了，笑著說：「是的，一點也沒錯！」

然而，這不就是那位隨從的一記「馬屁」嗎？

再怎麼清高的人也敵不過一記馬屁的威力，但若你的那一拍沒有把握確確實實拍在馬屁上，勸你還是看穩了，再出手！

智謀經典

49

看透人性，就是成功的捷徑

作　　者　公孫龍策
社　　長　陳維都
藝術總監　黃聖文
編輯總監　王　凌
出 版 者　普天出版家族有限公司
新北市汐止區忠二街 6 巷 15 號
TEL / (02) 26435033 (代表號)
FAX / (02) 26486465
E-mail：asia.books@msa.hinet.net
http://www.popu.com.tw/
郵政劃撥 19091443 陳維都帳戶
總 經 銷　旭昇圖書有限公司
新北市中和區中山路二段 352 號 2F
TEL / (02) 22451480 (代表號)
FAX / (02) 22451479
E-mail：s1686688@ms31.hinet.net
法律顧問　西華律師事務所・黃憲男律師
電腦排版　巨新電腦排版有限公司
印製裝訂　久裕印刷事業有限公司
出 版 日　2021 (民 110) 年 11 月第 1 版
ISBN◉978-986-389-795-8　　條碼 9789863897958

國家圖書館出版品預行編目資料

看透人性，就是成功的捷徑 /
公孫龍策著.一第 1 版.一：新北市,普天出版
民 110.11 面；公分. - (智謀經典；49)
ISBN◉978-986-389-795-8 (平裝)

普天之下・盡是好書

普天出版家族
Popular Press Family

凌雲文創
A Plus Creative Company